AIR
DEFENSE
THEORY

空中国防论

[美] 米切尔◎著
唐恭权◎译　马骏◎主编

中国·武汉

图书在版编目(CIP)数据

空中国防论 / (美) 米切尔著；唐恭权译. -- 武汉：华中科技大学出版社，2016.5（2023.1重印）
（战争论丛书）
ISBN 978-7-5680-1271-3

Ⅰ. ①空… Ⅱ. ①米… ②唐… Ⅲ. ①空防—军事理论 Ⅳ. ①E115

中国版本图书馆CIP数据核字(2015)第238854号

空中国防论
Kongzhongguofang Lun

[美] 米切尔 著　唐恭权 译

选题策划：晋璧东
责任编辑：沈剑锋　康　艳
封面设计：金刚创意
责任校对：曾　婷
责任监印：朱　玢
出版发行：华中科技大学出版社（中国·武汉）
武昌喻家山　邮编：430074　电话：(027) 81321913　(010) 64155588
印　　刷：湖北新华印务有限公司
开　　本：880mm × 1230mm　1/32
印　　张：5.25
字　　数：127千字
版　　次：2023年1月第1版第9次印刷
定　　价：22.00元

"战争论"丛书主编马骏同志简介

马　骏　国防大学战略教研部教授，中国第二次世界大战史研究会理事、中国德国史研究会会员、中国史学会军事史学分会会员。长期从事外国军事史、外国军事思想和国际政治教研工作。应邀在北京大学、中山大学、北京林业大学、北京师范大学、北京科技大学、对外经贸大学、首都师范大学、武汉大学、贵州省、山东省、四川省、沈阳军区、新疆军区及日本防卫厅讲学。在中央电视台新闻频道、军事频道、科教频道、法律频道多次做专家访谈。主要著述有：《外国战争史与军事学术史》《日俄战争史》《日本军事战略研究》《外国军事史学研究概论》《科索沃战争研究》《二十世纪经典战役纪实》《美苏在开辟伊朗走廊过程中的矛盾与冷战的起源》等专著。

“战争论”丛书副主编纪明葵同志简介

纪明葵 国防大学教学督导组专家，原国防大学副教育长，少将军衔。战略、战役学教授，国家军事仿真专业组特聘专家。清华大学、哈尔滨理工大学、兰州大学、内蒙古师范大学、中国延安干部学院兼职教授。《国家智库》执行主编、中国网专栏作家。著有《现代战役研究》《危机控制与管理》《打击跨国犯罪》《国际恐怖主义与反恐怖斗争》《A地区战略危机决策与控制管理》《信息化条件下的国防动员》《反空袭作战研究》等专著，发表学术论文几百篇。

“战争论”丛书编委马刚同志简介

马 刚 国防大学战略部军事思想与军事历史教研室主任，国家安全战略和国际战略学科学术带头人，博士研究生导师，校学术委员会委员。毕业于解放军外国语学院和国防大学，历任国防大学战略研究所研究员、第二炮兵导弹旅旅长、国防大学防务学院训练处长、办公室主任、国防大学战略研究所副所长等职，曾在俄罗斯工作，长期从事国家安全、国际战略问题研究和我军对外培训工作。著有《新中国军事外交》《中国人民解放军战略文化》《胜利的启示》等专著。

"战争论"丛书编委王洪福同志简介

王洪福 国防大学战略教研部军训室主任，军事战略学科学术带头人，军事战略学硕士生导师，空军大校。先后毕业于西安空军工程大学、陆军指挥学院、国防大学、巴基斯坦国防学院。先后出国担任中国驻老挝、津巴布韦军事教官组组长，获得老挝国家三级功勋勋章。长期从事战役战略教学与科研，并应邀在全国各地以及全军多个部队讲授有关国家安全形势方面的专题讲座。著有《现代国防理念略论》，参与编写《空军战略学》《军种战略学》等专著。

"战争论"丛书编委房兵同志简介

房 兵 国防大学战役教研部军训教研室副主任，大校军衔，军事学博士。CCTV—10《探索发现》系列专题片《百年航母》《马岛战火》《特战奇兵》《突然袭击》主讲人。中央电视台《海峡两岸》《今日关注》《防务新观察》《环球视线》《东方时空》，北京电视台《军情解码》，深圳卫视《军情直播间》，云南卫视《经典人文地理》《新视野》等栏目特约军事专家，中国国际广播电台《环球资讯广播》特约评论员。著有《大国航母》《烽烟利比亚》《马岛战火启示录》《航空母舰与战争》。

"战争论"丛书编委赵子聿同志简介

赵子聿　国防大学危机管理中心主任，教授，博士生导师，国家安全战略学学科带头人。长期从事国家安全和危机管理研究，在20多项国家和军队重大课题中担任负责人和主笔人，中国应急管理领域50位名家之一。主要著作有《国家安全危机决策》《国家安全危机管理析论》《美国陆军》《面对动荡的世界》等。获军队优秀科研成果一等奖，军队学科拔尖人才培养对象，军队学习成才先进个人，二次荣立个人三等功。

我们的战争观：不好战！不畏战！决战必胜！

——写在“战争论”丛书出版之际

马克思曾说，战争是推动人类文明前行的火车头。他形象地指出了，战争机器如同推土机一般，碾过历史的血肉之躯，于荆棘中开疆拓土，前行的轨道上沾满血腥。生命在战争面前是那么地脆弱。残忍，是战争诞生以来形成的秉性。战争同暴力几乎就是一对同义词，暴力是战争的本质属性，也是马克思主义的战争观。即使进入现代战争模式之中，诸如贸易战、金融战、外交战、黑客战、网络战、病毒战、舆论战等，战争的本质仍然是残酷的，充满暴力的。所以，我们认为，所谓的“武器仁慈化”“战争非暴力化”“战争泛化”等观点是不妥当的。因为，当前形势下，战争将无时不在，无处不在。身为中华民族的一份子，必须时刻对各种战争形态保持高度警惕，因为战争的根本法则，依然是保存自己、消灭敌人！

正因为战争的本质是残忍的，同时它又是人类历史发展进程中的常态现象，所以，对于战争的看法，自古以来就分为多种复杂的看法。比如，西方军事理论家克劳塞维茨在《战争论》中写道：战争是强迫敌人服从我们意志的一种暴力行为。德意志帝国铁血宰相俾斯麦认为，我们所处的时代的重大问题不是靠演说和决议所能解决的，这些问题只有靠铁和血才能解决。战争理论家伯恩哈迪认为，战争是人类生活中一种具有头等重要意义的生物法则，它是人类社会中不可缺少的起调节作用的东西。无疑，这几位西方军事大师，对战争都是笑脸相迎的。

与其相反，是反对战争的人们。比如，罗马时代的军事家、历史学家李维认为，对那些需要战争的人来说，战争是正义的；对那些失去一切希望的人来说，战争是合理的。曾经以炮舰政策横行世界、身经百战、建立起日不落帝国的英国，却对于战争有着这样的民间谚语：战争一开始，地狱便打开。而作为东方文明古国，中国经历了无数次的烽火狼烟，更深刻地体会到战争的血腥与残酷，所以，我们的老祖宗谆谆教导中华儿女："师之所处，荆棘生焉。大军之后，必有凶年"（老子）、"兵犹火也，不戢将自焚"（陈寿）、"皇帝动刀枪，百姓遭了殃"。2015年11月7日习近平主席在新加坡国立大学的演讲更是鲜明地指出，国强必霸并不是历史的必然规律，中华民族历来热爱和平，深知"国虽大，好战必亡"的道理。

我们认为，天下虽安，但忘战必危；虽然冷战结束了，但战争的硝烟一刻未熄。我们必须要有备才能无患。围绕"战争"，我们需要明白如下几个问题：

战争的首要目的是为了和平。战争只是一种手段，战争的最高境界就是"不战而屈人之兵"。对于一次战役（战斗）来说，战争的目的是消灭敌人、保存自己。而从整体的、纵向的角度来说，战争除了在历史上扮演着王朝更替的催化剂、助产士这类角色之外，符合人类社会发展进步的战争，归根结底其目的应该是为了和平。正如亚里士多德所说，战争的目的必须是为了和平。这样的战争才是正义的。然而，存在着繁杂利益纠葛的人类社会要想取得和平并不是简单、无代价的，因为“你想和平，就要准备战争”、“只有胜利者，才能用战争去换取和平”。对于我们中国来说，构建强大的、现代化的军队是维护世界和平的重要战略支撑力量。

战争需要理性对待：不好战。正由于战争是头洪水猛兽，因此需要高超的驾驭能力。只有驾驭得好，才能避免引火自焚。在能够避免战争爆发的情况下，应尽一切努力化解矛盾与纠纷。所谓上兵者伐谋，不战而屈人之兵。即使在具体的战场（战役）指挥中，总司令最重要的品质是冷静的头脑，尤其是在国际风云变幻莫测的复杂背景下，如何理性地对待战争，如何理性地在战争与和平之间做出选择，考验着每一个中国人的智慧。总之，当我们被愤怒“操纵”的时候，当我们希望通过战争这一手段，快刀斩乱麻地解决麻烦与纠纷的时候，我们需要对战争持有一颗理性、冷静的心，并记住：叫喊战争的人是魔鬼的参谋；狂热者的脑袋里没有理智的地盘。我们更要懂得著名诗人贺拉斯的一句反战名言背后的意味：所有的母亲都憎恨战争！而历史已经反复告诉世界：中国人不好战！

战争需要一种勇气：不畏战。无论是冷兵器时代还是高科技战争时代，战争都是残忍的，需要付出的是生命的代价。因此，战争机器不能轻易启动。不过，不好战不代表完全拒绝战争、排斥战争、畏惧战争。在世界丛林的游戏法则中，一个民族一个国家，要想生存发展，保持必要的用于自卫的强大武装力量是必要的，更是必须的。1840年鸦片战争以来，西方以炮舰政策强加在中华民族头上的羞辱与屠杀的历史教训告诉我们，只有自身强大、手握撒手锏，才能避免被杀戮、羞辱的命运。民族、国家的尊严，是构建在必要的武力基础上的，尤其是当关系到我们的国家主权和民族尊严、关系到我们的核心利益时，战争是必须的。历史事实已经多次郑重地告诉世界：中国人不好战，更不畏战！

战争需要一种理智：英勇善战。人们若想取得战争的胜利，就必须认识战争的客观规律，将其抽象为战略战术，在客观条件许可范围内，运用从客观中抽象出来的战略战术指导战争，战争是智者的搏弈。毛泽东说："指导战争的人们不能超越客观条件许可的限度，期求战争的胜利，然而可以而且必须在客观条件的限度之内，能动地争取战争的胜利……指挥员在战争的大海中游泳，他们要不使自己沉没，而要使自己决定地有步骤地到达彼岸。作为战争指导规律的战略战术，就是战争大海中的游泳术。"

战争需要一种凝聚力：忠于祖国。作战需要彼此配合，在战场上尤其是在特殊的环境下，危险会来自四面八方。所以，只有铸造一种团结一致、统一对外的团队精神，才能帮助每一个作战中的人消除防范时刻出现的危险。无数的事实已经证明，每一个英勇善战的部队，每一支特种作战部队，要想取得胜利克敌制胜，必须是铁板一块！法军统帅拿破仑说过，统一指挥是战争的第一要事，也是产生凝聚力不可缺少的要素。那么，凝聚力来自哪里？对于中国军人来说，首先来自于听党指挥、忠于祖国、忠于人民这一神圣的最高宗旨，来自于共同的保家卫国的誓言，来自于全心全意为人民服务的社会主义核心价值观，来自于不怕苦不怕累不怕牺牲、做忠诚可靠的人民子弟兵的信念。其次，凝聚力来自于科学合理、统一规范的军队制度化建设，来自于平时官兵一致、爱兵如子、相亲友爱的军内关系。最后，凝聚力也来自于绝对服从、铁的纪律。

战争需要一种自信：会打必胜。战争是一种你死我活的搏斗，所以，保存自己、消灭敌人是战场上的最高法则。对于军人来说，拥有坚韧的必胜的自信心，是一种高贵的品质。当然，自信不是自负，那种不顾实际情况、盲目草率的军事行动，只能归为冒险盲动主义。坚定的必胜信念来自于知己知彼、百战不殆。军人的自信心，既要求军队的指挥官养成信赖自己的习惯，即使在最危急的时候，也要相信自己的勇敢与毅力，也要求普通士兵具备想当将军的优秀品质。为什么不想当将军的士兵不是好士兵？因为这样的士兵没有必胜的自信心。凡是有决心取得胜利的人，从来不说不可能。

战争需要学习。对于中国军人来说，无论是古今中外的战争实例、战争历史、军事著作、谋略经典、军事名家，还是当代他国的军队建设成就、最新武器装备成果，都需要我们秉持古为今用、洋为中用、兼容并包、取长补短的谦虚谨慎、认真仔细的态度，去学习其经验，汲取其教训，最终在掌握精髓、创造创新中超越，并将其转化为自己的真实本领。毛主席曾经教导中国军人，没有文化的军队是愚蠢的。诸如“战争论”从书里的蒋百里《国防论》、克劳塞维茨《战争论》、马汉《海权论》《海军战略论》、杜黑《空权论》、若米尼《战争艺术概论》、韦格蒂乌斯《兵法简述》、米切尔《空中国防论》、鲁登道夫《总体战》，都是我们学习的优秀精神食粮。当然，作为将来要上战场的军人，不仅要重视学习军事理论，更要在平时的摸爬滚打中铸就高素质的作战能力。平时流汗，才能避免战时流血。因此，西谚有云，你有一天将遭遇的灾祸是你某一段时间疏懒的报应。军人需要的就是一种学习、学习、再学习，坚持、坚持、再坚持的韧劲。

战争需要研究。战争既是一门艺术，也是一门科学。作为艺术，战争需要驾驭它的人必须具备高超的领导力与决断力；作为一门科学，需要我们认真对待，通过去伪存真、去粗取精、由表及里、由深入浅地找出其中蕴含的最简单、最明晰、最管用的规律来，以指导实际中的军事行动。通过学习、研究，尤其是打开自己的视野之后，我们会发觉自己的不足之处，从而通过跨越式发展，尽快补足短板，以提升我们的实际战斗力。这套"战争论"丛书值得我们花费力气熟读一番、好好研究。

战争需要实践。通过对古今中外军事著作、战争实例、战争历史的学习研究，我们所获得的只是理论上的东西。理论知识的作用只有运用于实践，才能知道它的真实价值。正如毛主席强调的，一切学习的目的全在于运用。所以，对于军人来说，除了学习研究古今中外的军事历史、战例与理论之外，更需要通过实战来检验我们手中到底掌握了多少的战争真理与有用的军事方法。一切的战争规划与理论，全在于实际的执行力与效力。因此，想得好是聪明，计划得好更聪明，做得好是最聪明又是最好的。而从国家的角度来说，日常的军队国防建设均在于服务于实战、为实战做准备。俗话说得好，未雨绸缪，养兵千日用兵一时。战争机器不是摆设，更不能是花架子，必须接受实战的检验。另外，战争中蕴含的谋略、道理，也可以作为其他领域决策、管理的参考。

战争需要谋略。伟大的革命导师、苏联红军统帅列宁曾经鲜明地指出，没有不用军事计谋的战争。我国明代文学家、谋略家冯梦龙强调，兵在精而不在多，将在谋而不在勇。正因为如此，古今中外诞生了大批研习战争谋略的大师名家。可以说，蒋百里《国防论》、克劳塞维茨《战争论》、杜黑《空权论》、若米尼《战争艺术概论》、韦格蒂乌斯《兵法简要》、米切尔《空中国防论》、鲁登道夫《总体战》、马汉《海权论》《海军战略论》等，每一本军事经典都是战争智慧的结晶。作为军人，一定要时刻铭记：永远别以为敌人比你愚蠢！轻视对手的后果是严重的。正确的态度就是毛泽东同志所说的，战略上藐视敌人，战术上重视敌人。拿破仑有句话说得好，世上只有两种力量：利剑和思想。从长而论，利剑总是败在思想手下。

战争需要发展。人类的历史长河是永远向前发展的。从最初的刀耕火种，到自然的田园农业文明，再到欧洲十七八世纪的工业革命，再到十九世纪、二十世纪的电气革命，直到二十一世纪的信息化革命。每一次的生产力跃升都推动着经济的巨大发展，而与武器装备直接相关的生产力的质的进化，更是推动着战争形态的惊天变革。所以，军人必须远比其他人要更为敏感地关注世界形势的变化以及涌动出的最新的社会现象与科技成果，使自己具备察天观地的与时俱进的本领，不落伍于时代，才能决胜于千里之外，才能履行好保家卫国的职责。我们认为，与时俱进有两个标准：一是随着时代的发展而发展，二是无论时代怎么发展始终抓住最简单最管用的精髓。军事艺术是一种执行命令的艺术，一切复杂的计谋都应当抛弃掉。简单明了，是执行好军事行动的首要条件。

战争需要实力。战争归根结底是实力的较量，从来都是敌对双方军事、政治、经济、科技、文化、外交等多种因素的综合较量，而不单纯取决于某一种因素。所以，对于我们的国家，需要通过“发展”这一硬道理，来全方位提升我们的经济发展水平和科技质量，全面地加强我们国家的综合实力，为战争提供强大的国家保障力。对于我们的百姓，需要通过各种措施加强国防意识与国家安全意识教育，培育国民的军事素养，建设强大的民兵预备役部队，要藏兵于民。对于我们的军人，广大士兵要通过艰苦的学习、训练，加强自身的单兵作战能力与团队合作作战能力，以及军兵种协同作战能力。对于指挥官，则需要进一步提升自己的军事指挥素质。震惊欧洲的拿破仑说过：一头狮子带领的一群羊，远远胜过一只羊带领的一群狮子。我们的军队需要培育出一批批的狮子老虎，才是名副其实的威武之师！

谈了这么多与战争有关的话题，那么，新时期的中国军人，还要做些什么呢？首先就是，要牢牢抓住军队政治工作这一生命线。我军自成立以来即高度重视政治工作。1929年12月28日—29日，中国工农红军第四军第九次党代表大会在福建上杭县古田村通过的《中国共产党红军第四军第九次代表大会决议案》（即著名的古田会议决议案），即明确指出，红军是“一个执行革命的政治任务的武装集团”，必须服从党的领导，自觉担负起宣传、组织、武装群众等任务。古田会议划清了红军与旧式军队的界限，解决了无产阶级革命军队建设的根本性问题。2014年10月30日，新时期的全军政治工作会议在福建上杭县古田召开，习近平主席出席会议并发表重要讲话，提出把理想信念、党性原则、战斗力标准、政治工作威信在全军牢固立起来；抓好铸牢军魂、高中级干部管理、作风建设和反腐败斗争、战斗精神培育、政治工作创新发展“五方面”工作；加强军事文化建设，从难、从严、从实战要求出发“摔打”部队，培养广大官兵大无畏的英雄气概和英勇顽强的战斗作风，着力培养有灵魂、有本事、有血性、有品德的新一代革命化的“四有”军人。中国军人，任何时候都要牢记“听党指挥、忠于祖国与人民”这一最高宗旨，争当让党和人民放心满意的优秀军人。

其次，要积极做好军事斗争的准备。西方战神克劳塞维茨强调，作战的基本原理是，切勿完全处于被动地位。对于一支军队来说，只有时刻以与时俱进、未雨绸缪的精神抓好军事斗争准备，才能避免被动、才能有备而无患。只有时刻准备好，才能令出即行、迅速把握战机，避免陷入被动挨打的泥潭。

再次，紧紧围绕战斗力做文章。衡量一支军队的好坏，关键就看能否打胜仗。拿破仑曾预言，中国是一头睡狮，一旦醒来将震撼世界。但是，没有利爪的狮子只能是摆设。能打胜仗是衡量军队质量的根本标准。没有战斗力，其他都是空谈。

最后，要进一步加强贯彻落实“科技强军”“质量建军”战略，进一步高度重视兵民结合的人民战争的战略战术研究与运用，始终牢记并掌握“军民团结如一人，试看天下谁能敌”这一法宝。

在新时期，面对日趋复杂的国内外环境，军人的天生敏感性告诉我们——这个世界并不太平。因此，作为中华人民共和国的柱石，中国人民解放军需要进一步地紧紧抓住中国的特殊国情，做好强军的一切工作，需要进一步地牢牢抓住决定战争胜负的各方面的关键性因素，从要害处着手，全面加强军队的改革与建设。如此，才能确保我们这座保家卫国的钢铁长城永不倒塌！

回首过去，我们对战争充满敬畏。我们不轻言战争，我们不惧怕战争，我们只为战争做好准备。业绩造就伟人，战功成就军人。辉煌的中国革命史证明中国人民解放军是一支听党指挥、能打胜仗、作风优良的人民武装力量。

中国军人的勤奋和荣誉，足以鼓舞千秋万代的中国青年。

祝愿一切热爱军事、关心国防、热爱和平的读者朋友，能从囊括古今中外著名军事经典的这套“战争论”丛书中汲取有益的养分，从无到有、由小到大、从弱到强地培育自己的国防军事素养，形成自己的国防观、战争观，以求在将来或许会发生的、某个特殊的时刻履行自己“保家卫国”的神圣职责。

“战争论”丛书编委会

2015年10月

自 序

PREFACE

仅以此书献给那些为我国空中力量献出生命的军官和战士。

除了航空同仁，几乎没有人能真正明白和理解航空人员所面临的危险，他们的生活，他们在高空中的活动，他们如何准确地飞越高山、森林、大漠、河流，他们为了改进飞行科学和技术付出了什么，他们在与敌人飞机交战时的亲身感受是什么。这些问题，只有航空人员能回答。

遗憾的是，具有这些经验并且能准确表达出来的人员越来越少，而剩下的人，更应该就此问题将这个群体发扬光大。

去年冬季以来，美国人民表现出了发展空中力量的兴趣，可喜的是，这种兴趣正在提高。所有国家空中力量的发展历史都极为相似——经过艰苦卓绝的斗争获取立足点。空中力量的出现，导致了一种新战争学说的出现，而这种学说将打乱现有的国防体系，并将建立一个新的体系。航空运输的普遍应用以及快速发展，终将改变国家之间的相互关系。

我的这本书，仓促编成，收集了我以前在美国国会上的证词，以及发表于报纸杂志上的文章。我在书中所提出的理论，将引起我国人民对国防体系发展的重视，遗憾的是，欧洲大国已经沿着我在书中所指出的方向行动了，而美国仍在倒退。

我编成这本书的目的在于：记录航空人员对于组建空军的想法和他们自己对国防的看法；为普通民众提供一本反映航空发展事实的书籍；为军队、行政部门、国会提供现代航空和实际经验的资料。

那些传统军种的代言人，曾发表大量的错误学说攻击航空力量，因为他们知道空中力量的崛起，将削弱他们的权威。现在应该轮到我代表航空力量反驳他们了，我必须公开表达我的观点。

在传统军种眼中，飞速发展的航空学，不论年龄、级别、权威等，那些关系它发展的人都没有资格对它做任何解读。而我们的国会所获得的关于航空问题的资料，大多数是由非航空军官和那些毫无航空经验的人所提供的。但是，航空人员是经过实际经验才能获取知识，而不是靠资格来取得的。

交通是文明的基本要素，而航空将为人类提供前所未有的高速、高效的交通工具。此前，人类被陆地和水面运输工具束缚，现在我们可以利用覆盖地球的空气作为运输媒介。

我们认为，国家的未来，离不开空中力量的大力发展。和平时期，空中力量能保证国家的交通运输；战时，空中力量将阻击敌国空军对我国的侵扰，阻止任何敌国舰船越洋威胁我国的海岸。

空中力量和陆军、海军不同，它在和平时期也能使用，而后两者的训练和管理只是为了战争目的——在和平时期，它们所消耗的资源很少收获回报。

空军一定要独立地按照自身的目标发展，而不是作为其他传统兵种的附属。除非我们主动变革，否则我们将被军事发展潮流抛弃。

空中力量已经将传统军种所建立的规则推翻，它已经在艰难地朝着自己的道路前进。未来，一个没有完善组织和装备的国家是无法成为强国的。这是因为，不论从军事观点还是从经济观点来看，空中力量都能兼顾海洋与陆地，在未来的国际竞争中，这将是一个决定因素。

我们美国人的特性和气质尤其适合空中力量发展。

目录

CONTENTS

绪 论

孤立已经过时，革命战争[1]使美国成为一个独立国家，南北战争使美国人民密切关注政治。从那时到美西战争，美国忙于国内经济建设，致力于国内基础建设，巩固和完善政府体制。

美西战争打破了美国那孤立的屏障，将我们引入世界列强的竞技场。美西战争的规模不大，但它对美国的国家政权以及世界的影响却是巨大的。我们巨大的产能，我们丰富的原料，我们发达的工业，我们人民的进取心，等等，这些巨大优势，使我们能够与世界上任何国家在任何领域进行竞争。

我们谈到的欧洲世界大战[2]，使美国在战争中获益匪浅，各交战国均到美国购买物资进行战争，而美国给予欧洲帮助，与它们订立财政协议。这次战争中，美国的军事力量保存得较为完整，而欧洲列强为了战争却将全部人力和物力投入其中。

战争中，欧洲国家的军事体系产生了巨大变化，它们的军队彻底革新，采用了新的符合时代发展的作战方法。而在美国，空中力量的出现并未给美国的作战方法带来什么变化，它还坚持着

〔1〕指美国独立战争——编者注。

〔2〕即第一次世界大战——编者注。

内战时期所确定的陈旧体系。

我将空中力量定义为，能在空中做某种事情的能力。这种能力包括飞机从地球的一方向另一方运送各种东西。没有任何一个地方不受飞机的影响。在历时4年多的世界大战中，空中力量作为陆军和海军的辅助力量，也出现了抗击空中力量的战斗，如轰炸敌人的工业中心、城市、铁路、港口。未来，一个国家没有空军，它就无法与其他拥有大量空军的对手交战。

对于这种变化，美国民众的反应是很缓慢的——由于美国远离其他列强，民众鲜有机会体会到别国的入侵。美国和欧洲隔着大西洋，和亚洲隔着太平洋，两大洋为美国构成了可靠的保护伞。但是，飞机的出现将这种隔离状态打破了，而且它的效能还在突飞猛进地发展着。事实上，飞机已经能够不着陆地飞行4000千米，加上化学与潜艇的巨大进步，水面舰艇的地位已经不如从前了。

在过去，当国家受到入侵时，敌人必须穿越陆地边界和海岸，而在新时代，整个美国都易受飞机的攻击。这一点，已经引起全体美国人民的注意。虽然，人民对航空的兴趣很大，但是政府执行部门的极端保守主义却并未跟上航空的发展，反而设置了众多障碍。所幸，人民的国会施加压力，致使其开始采取决定性行动。

1924—1925年的冬季，国会特别委员会听取了空中力量对美国各方面的影响，同时由另一个委员会听取并讨论了为建立一支联合空军而提交的特别文件。这些事件显示，空中力量已经完全改变了以往的国防体系。空中力量不但在军事方面具有优越性，而且能在和平时期用于其他多种目的。

两个委员会的听证内容，已经传遍全国，公民首次知道，陈旧的战线观念——海岸线和国界，已经不再适合空中了，因为飞机可以飞抵任何有空气的地方。现在，内陆城市和沿海城市一样，都有可能成为飞机的打击目标。只有飞机才能对抗敌人飞机的袭击。

让我失望的是，美国至今还没有采取顺应时代的组织计划，它还固执地使用着多年前的方法和体系。这是对航空力量发展的阻碍，它将使我国彻底与世界一流航空能力无缘。要知道，在未开发的航空材料方面，我们须领先世界，我们须拥有最好的飞行员和机械师，我们须拥有最先进的工厂，能生产最先进的飞机，我们还须拥有飞机生产所需的全部原材料。

事实上，从军事上看，我国的航空力量只是陆海军的辅助工具，我们没有空军。创建一支空军如此复杂，如此难以付诸行动。一支空军只有历经若干年检验，付出成千上万次牺牲，花费无数金钱，才能达到有效状态。

简单说，美国的空中力量与上次世界大战开始时相比，并没什么大的变化。

短时期内，现代交通运输工具的性能快速提高，对我们现有的组织提出了新的要求，它必须适应现代条件的发展。我国的各种国防工具必须精密地协调，因为军备竞赛已经迫在眉睫。当一个国家将命运寄托在虚假的战备上，这个国家必定会被其他列强超越。

无论是在陆地还是在天空，任何一个国家如果不控制天空，它就无法安然存在。空军是现今唯一能在空中独立作战的部队，陆军也好，海军也罢，它们都无法在地球表面上空6000千米处作战。

陆军和海军的任务也发生了巨大变化。以往那种依靠连续突击击垮敌人地面部队，费时费力且代价高昂的战争过程已经不复存在。空军可迅速袭击敌人的工业中心和物资补给中心，铁路、公路、桥梁、运河、港口等，都可能成为空军的直接打击对象。依靠空军的一方，将极大地节约人力、物力，而失败的一方则只能无条件地接受胜利方所强加于它的苛刻条件。

对于防御海岸的任务，海军已经无能为力了，因为飞机能击毁、击沉任何进入其作战半径内的舰船。它将取代海军，成为海岸防御的主力工具。因此，海军被赶往公海执行任务。最后，水下的潜艇和空中的飞机，使舰船毫无立足之地。

现今，海上的主要武器是携带鱼雷的潜艇、强击机、鱼雷快艇；未来，海军的渡海作战将在飞机的掩护下执行。世界大战时的渡海作战可能再也无法出现，因为北半球大陆之间距离非常近。

空中力量可以以其他飞机或舰艇提供补给的方式，得到一切所需的东西，从而固守一些小岛。作为国防基石的海军，其地位也会相应下降。

已经有一些国家完全或部分地意识到这个情况，相应地组建新的国防体系。我们必须要让民众正确地认识到，组建空中力量的条件，以及空中力量在和平时期和战争时期的具体作用。

任何一个有空战经验的人，都能协助完成这项工作。这应该成为我们当前最大的计划。这意味着，我们需要成立一个独立的国防部，它应该包括空军部、海军部、陆军部。空军的地位应该与陆军和海军一样，它必须拥有在国家会议中发表观点的权力。

空军部的职责是，提供完整的航空防御、促进国家的航空发展；陆军部的任务是，提供陆上国土的防御；海军部则是在公海作战。

空军应该拥有一支航空打击力量，能控制天空，并根据需要，执行破坏陆上或水上的敌军目标的任务。

航空勤务部队的人事情况非常糟糕，在国家各军种中，空军人员没有得到与他们重要职责相应的地位和级别，他们担负着比陆军和海军更重的责任，军阶却很低下。

空军军官们难以得到晋升，因为看不到未来，他们的心理状态就容易失衡。没有能干、自信、充满活力的人员，何谈空军发展？我们只能寄望于公众施压或者遭受战争，才能改变这种困境。国会和民众对航空力量的信息，了解得太晚了。

对于国会的那两个委员会的证词只能说明：我们亟须设立一个航空部负责所有航空防务和国家航空事业；我们需要建立一个完全独立于陆军和海军的航空人事制度；应该设立一个统率空军、陆军、海军的国防部。

第一章

航空时代

全世界都站在旧时代与“航空时代”交界处，跨入这个新时代，全人类的命运都与空中联结在一起。

祖先们经历了“大陆时代”，那一时期，他们巩固了对陆地的控制，发明了交通工具，贯穿陆地进行交往。在随之而来的“航海时代”，为了商业利益，祖先们在海洋上展开竞争，这种竞争使陆上力量受到一定的约束。现在，我们步入了航空时代，我们面临着新竞争，这种竞争是争夺使用和控制大气层的权力。

空中力量是什么？在空中或经过空中执行某些任务的能力，就是空中力量。天空覆盖着地球，飞机可以到达地球上的任何一个地方。飞机不受山脉、河流、沙漠、森林、海洋的限制，它使国境线概念彻底成为过去。

在飞机面前，任何一个地方都有可能暴露在它的袭击下。

飞机可以在极短的时间内飞行数百英里[1]，它们可以飞入任何国家，越过这个国家的边境线，飞到任何地方执行空袭任务。无论在哪里，只要飞机能发现目标，它就可以利用机枪、炸弹等武器进行打击。城镇、铁路、运河都是它的打击对象，除非目标

〔1〕1英里≈1.609千米。

潜入水中。

飞机载有人类发明的最强大的武器，它不仅可以搭载机枪和火炮，还能投射摧毁力极大的炸弹，一枚炸弹可以彻底摧毁一艘战列舰。相对于难以击毁的战列舰，再想想其他舰船和商船的下场吧！空军可以封锁一个国家，阻断它的水面和陆地的交通，尤其是对一个依靠海上商业生存的岛国而言，这种封锁可使其在短时间内因为缺衣少食而投降。

我已经说过，想要再像上次世界大战那样，用舰船从美国运送军队、物资到欧洲，已经是不可能的了。当时，飞机加一次油只能飞行100英里，现在飞机能携带最新型的武器能飞行上千英里。空军可以攻击敌国军需生产基地和其重要的城市。

曾经想要征服一个国家，通常需要陆军在战场上与敌人的陆军长时间地殊死搏斗。以往的战争，往往需要付出成千上万的生命，以及无数财富。现在，仅仅依靠一支空军使用燃烧弹和毒气弹就能使敌国的心脏城市彻底瘫痪。仅仅一支空军就能威胁一个军事工业城市，使这个城市瘫痪，使军火生产和供应品生产陷入停顿，这将剥夺敌国陆军、空军、海军赖以生存的基础。

必须制定一套指导战争的新规则，指战员必须学习新的战略思想。新的战争，已经不再由陆军和海军来评估了，这两个军种所从事的战争将要受到它们上空的空中力量的影响。

航空人员经常一年四季不分昼夜地从国土上空飞过，他们居高临下地观察这个国家，他们能看到更多，知道更多，他们对这个国家怀着无上的热爱。从高空俯视下方，富饶的农场，齐整的道路，清洁的城市，美丽的公园，等等，短短几个钟头，飞机穿越整个国家，谁能像航空人员一样，如此多地重视和了解他们的国土呢?

如此巨大的吸引力，致使全国各地的青年踊跃参与到这项事业中来，“驾机上天”已经取代“乘船下海”成为勇敢的新标志了。

空军不再是海军或陆军的辅助部队，在未来，我们将看到数百架飞机组成编队战斗，它们搭载着最先进的武器，配备了通信联络装置，进行战斗。

陆军和海军只能在地面上和海上战斗，它们无法离开地面或水面，空军则是在三维空间中战斗，每一次攻击敌人飞机，形成一个圆球，将敌机置于球心，自己从圆球表面对其攻击。如果想要袭击一座城市，空军可派飞机以不同高度飞临其上空，对其发动攻击，以这种方法进行的攻击，是任何防御手段都无法抵御的。

唯一有效的防御方式是，利用自己的飞机与敌机交战，夺取制空权——夺取制空权将是未来战争的一个规律，一旦掌握了制空权，飞机就能在敌国领空自由翱翔。

有人问：“如果敌人的空军不想离开地面，怎么与它战斗呢？”空军战略家的回答是：“找到敌人绝对核心地区，把敌机引出来。”例如，像纽约这类城市，是必须进行防御的，仅仅依靠高射炮的防御是没有任何效力的，必须利用飞机进行防御，甚至要进行一系列空战，使敌人处于防御状态。这比让敌人处于地面防御状态更有价值。在陆地上，陆军可以依靠战壕固守，而在空中，飞机要定期返回地面加油，所以当敌人的空军出现时，它们对敌人丝毫不构成威胁，因为它们不可能升到很大高度去截获敌机。所以，一支空军经常保持在空中飞行的飞机应不超过三分之一。未来，哪个国家的空军准备充分，并能抢在对手之前行动，它就能获得迅速和持久的胜利。

一旦空军被消灭，在战争开始之后，想要再重建一支空军几乎不可能，因为飞机制造基地将会被轰炸，航空站和机场也将被摧毁。即使能够创设小股的航空兵，他们也将被胜利的空军逐个地完全击毁，因为胜利的空军已经控制了制空权，其后方城市的安全就得到了保障，可以不受阻碍地生产各种物资、武器，甚至是飞机。

我们可从航空学角度出发来看待以下三类国家。

第一类，由海岛组成的国家容易受到来自大陆沿岸的空袭。海岛国家想要利用陆军攻击邻国，就必须完全掌握制空权，以便其陆军能安全地到达大陆海岸进行登陆。如果它的敌国控制了天空，它就能切断岛国来自海上的全部供应，并且轰炸该岛国的港口和内陆城市，单靠空军就能获得胜利。

第二类，一个国家与其敌人陆地接壤，该国的补给，部分靠自产，部分靠铁路、公路、空运从外界获得补给。如果一方的空军在战争开始时已经准备完毕，能摧毁敌人重要的城市、桥梁、铁路、公路、港口，那么掌握制空权的一方也能仅靠空军获得胜利。

第三类，完全可以自给自足的、远离其他的国家，如美国，它位于飞机的一般航程外，欧洲和亚洲的国家只能依靠天空和海面侵犯它。此时，一支空军就能保护美国的独立和安全，但这支空军不离开美国就无法征服其他国家。

不久，一定会出现一种新战法。我们已经意识到，一支从陆基进行活动的空军，可以统治全部海域，哪怕是携带着飞机的海上舰船，也无法阻止它。

列强将利用一系列的海岛基地作为战略要地，这样它们的飞机就能在岛屿之间飞行。这时，岛屿只需要一支地面小分队就能防御了，因为有了飞机以后，它就不再像过去那样，容易受海军的封锁、占领了。只要制空权在手，陆军和海军都对它毫无办法。

在北半球，从美洲飞往欧洲或亚洲时，飞机可以通过大陆之间最窄处。而寒冷也不会给飞行活动造成多大麻烦，实际上，天气越冷，天空越晴朗，越适宜飞行。阳光才是飞行员的麻烦制造者，它使空气富含水汽，而空气冷却时就将形成雾、云、霾。高温会导致气穴，这将给飞机带来致命的危险。

光还能干扰空中的通信，这也是为什么无线电报的最佳使用时间是早晨两三点钟，因为这个时候，空气中的光线很少。这个时段，也最适宜于飞行，因为水蒸汽已经下沉到地表，空气不会产生上下对流。这就是为什么所有候鸟在迁徙时选择在夜间飞行的原因。未来，我们的大多数航班，尤其是重型飞机，多半会在夜间飞行。

以后，我国的洲际航线将不会采用以往的与赤道平行的方向，因为那时我们的交通工具将被局限于地球上温暖的水域和陆地。新的航线，可能沿着经线，直接越过地球两极，缩短行程，节约能源和时间。

航空时代将对战争产生什么影响呢？无疑，它将带来迅速的、持久性的结果。与过去庞大的海军和陆军相比，空军所耗费的金钱少得多。它将引起全体人民的关注，因为人民虽然远离战争，但是他们全都有可能遭受飞机的袭击。

现在，有人还认为他们远离海岸和边境线，所以他们是安全的，不会遭到敌人的攻击。对于他们而言，最坏的打算也只是，国家战败了，全体民众缴纳高额的赋税，以赔偿战争债务，因为敌国的海军和陆军根本无法直接触及他们。

让我们一起回顾一下战争的真实面貌，以及战争产生的原因。

很久很久以前，原始人用牙齿、手、脚和邻居搏斗，强壮者获胜。之后，人们组成社团交战，这时出现了投掷武器。在此之后，军队出现了，随着钢铁武器的发明，就出现了装备钢铁武器的大规模军队，军队在作战的同时，老弱妇孺则为他们提供一切军需品。火药的发明，使最优秀的武士也敌不过拿枪的农民。之后，国家的军队组织方式改变了，形成了宣战时所有人力都将应征服役或进入工厂工作的形式。这就是今天世界各国的作战方式。军队的战略战术，与罗马时代没什么大的变化。

当武器得到改进而威力更大时，总的伤亡往往减少了，这是因为新武器使战争双方可以不再直接接触了。胜败之分也能较早地发现，而战败的一方，因为远离敌人，所以可以及时撤退。

刚刚结束的这次欧洲大战，交战士兵之间的搏斗远不如美国内战时激烈。当年，伤亡人数在参战人数中的比例比这次战争大得多，服役人数占总人口比重也比这次大战大得多。这是因为，1914—1918年，新式武器如机关枪，提供了更强大的防御力量，作战人员之间的距离很远。

空中力量具有远程打击的能力，所以它击败敌人空军并掌握制空权后，就能飞往敌国的领空，迅速而坚决地结束战斗。这种威慑力是非常大的，甚至可以使一国在是否参战的问题上犹豫不决。空中力量的打击对象不再只是人民，还可以是生产运输中心、农业生产基地、工业基地、军工厂、港口、城市。这些地方一旦被摧毁，想要在短时间内再恢复是很难的。

海军的作用也会发生相应变化，它将成为运输军队的重要工具，确保军队能接近敌人海域。随着飞机的发明，海军在战争中的威力大大削弱，甚至有可能成为陆军和空军的辅助力量。

与陆军相比，海军从未独立地完成一场战争，它大多时候作为陆军的辅助力量，肃清海域，运输远征陆军部队。

我认为陆军已经到了一个显著的发展时期，如果空军不能完全阻止陆军作战，那么，未来陆军的任务和战法，仍将和过去一样。

而海军，虽然它不能控制飞机巡航半径外的水域，但是飞机航程正在不断增加，所以海军所能控制的水域将越来越小。对于一个拥有足够空中力量的国家来说，海军已经不太可能再执行以前的任务了。水面舰船的职能，将逐渐被潜艇取代，而潜艇的主要任务将是配合空军行动。

空中力量的出现，可能使海军军备所需的物力和经费缩减，舰艇、庞大基地、干船坞、造船厂等，都将相应减少。与陆军不同，海军正处于一个衰退时期。当今，发展空间最大的是空军，它不仅为国家的安全提供保障，还对国家文明有极大的贡献，要知道，文明的实质就是快速运输。

未来，面对紧急情况，我们可能只需足够的人力装备着最有效的武器作战，而无需全民皆兵。

世界列强时刻感知空中力量的价值，所有大国都采纳了空军学说。要发展任何事情，都需要有理论为基础，然后在基础上构建适应的组织。所有大国的空军学说都表明：必须拥有大量的空中力量，以保护受战争威胁的国家。任何一个大国都在因地制宜地解决空中力量问题——有一个国家例外，那就是美国。

所有国家都将航空分配给不同的主管部门，陆军、海军、商业、飞机制造部门、气象和无线电通信部门，都有航空部门。它们认为，航空是那些不以航空为主要活动的部门的附属工具。正如，海军更看重战列舰，而陆军更看重步兵。

所有国家的武装力量都是在国家机构中最保守的，它们的传统比任何政府悠久，它们比政府部门更保守，它们宁肯死守陈规也不愿意冒险。哪怕在作战时稍微地改变一点作战方法，他们都要追溯几百年找一个先例。

兴登堡〔1〕要回顾坎尼之战才能制订作战部署，拿破仑则要研究亚历山大大帝〔2〕和成吉思汗的战役，再制订作战部署。海军则是从亚克兴战役〔3〕和特拉法尔加海战〔4〕中汲取灵感。

我们必须朝前看，我们需要知道的是，将要发生什么，而不是过分地关注已经发生了什么。这就是为什么那些老军种对现有的方法和手段不适，从而无法最大限度地支持新兵种的发展。

各国的发展趋势是，按照发展航空的观点，集中力量建设航空事业，避免重复和浪费。

英国对空中力量的认识领先其他国家，它已经设立了一个与陆军部和海军部地位平等的空军部，英国法律规定：空军是大英帝国“国防第一线的部队”，全国划分为多个防空防御区，各区的驱逐航空兵和轰炸航空兵由同一个司令部指挥。这样，空军就能发挥最大效用，不再像过去分散在陆军和海军之中。此外，空军还要承担对国家重要城市的防御工作。战时，这些部队必须坚

---

〔1〕保罗·冯·兴登堡（1847—1934），德国陆军元帅、政治家，曾参加普奥战争和普法战争，1925年起担任德国总统。

〔2〕亚历山大大帝（前356年—前323年），马其顿国王，曾攻陷埃及、波斯，直至印度。

〔3〕前33—前30年，屋大维与安东尼战争中的一次著名的海上战役。

〔4〕1805年10月21日，纳尔逊率领英国舰队与法国西班牙联合舰队在特拉法尔加湾外的会战。

守岗位。从航空中心向外辐射至外海的监听站，能够迅速地报告敌机的情况。

在英国，担任永久性职务的兵士可称为“正规人员”，其他的则为“后备人员”。后备军官每月必须飞行一定时间，每年随同单位训练两周。英国还建立了航空军官学校，此外，英国还有参谋学院，以及国防所需的各种机构。

英国扶持和鼓励飞机制造，为工厂拨发专款进行飞机生产。民用航空也得到了国家的资助，国家以为航空运输公司减税和补贴的方式，支持它们营业。英国的民用航空可以使用军事机场，大多数机场平时由民航维护，并为战时做好准备。这种方法使政府既能保持许多飞行员、机务人员、飞机和各种航空机械，又能节约一半的费用。

据称，英国的军事组织已经发展到由一名空军军官负责英伦诸岛的防务。将来，这名军官不仅统辖空军部队，甚至将统辖陆军和海军。这种做法今后可能要扩大到整个帝国。

英国此举是因为这名空军军官所受的训练足以令他熟谙海上和陆上作战，这种能力是其他军种的军官所不具备的。一名空军军官从几百英里外的前线获得敌人情报的能力，远甚于陆军和海军。空军要比陆军和海军快数十倍，它能更快地了解敌人将在何处何时发起进攻，从而迅速地制订反制措施，并联合陆军、海军力量保卫国土。这就形成了一人负责指挥的局面，而不是任由完全独立的空军、陆军和海军各自为政。

在伊拉克，英国空军对它的占领是十分令人满意的，飞机能在全国任意飞行，迅速地镇压暴乱，把部队运到需要到达的地方，以较少的兵力控制辽阔的国土，这是用其他方式所无法达成的。

在这里，陆军成了空军的助手，在空军的指挥下行动。在欧洲和亚洲，越来越多的大国采用这种组织方式，因为人们已经明白，需要最大限度地建设独立空军，使它成为一支主要的、独立于其他两个军种的国防力量。

不是所有国家都有能力建立一支高效能的空军，要想得到这样的空军需要满足两个条件。

第一，强大的国家意识，爱国热情能使飞行员甘愿为国家献出生命，只有少数国家具有这种精神力量。例如美国，在蒂耶里堡战役中，美国航空队尽管伤亡率高达75%，却依旧士气高昂地进行战斗。我们国家历来喜欢从大学生中选拔飞行员，要求他们不但要精通学业，而且要精于体育运动。美国是拥有这类人才储备最多的国家。

第二，国家工业条件能制造航空装备、发动机，以及充足的原材料。制造一架飞机将涉及好几十种不同的行业，从飞机设计到制造完成，所需的时间和制造一艘舰艇一样。关于发动机，它与飞机息息相关，目前只有少数几个国家能制造空军使用的航空发动机。一台航空发动机包含了最轻、最先进的合金，一旦用于飞行，它将推动飞机前进。以中国为例，中国还不能制造航空发动机，也没有任何内燃机可用于航空，因为这个国家从来没有按航空发动机的要求组织过这类工业。而美国拥有世界上最大的发动机工业，它以汽车制造厂形式出现。因此，现阶段美国航空发动机领先于世界。与此同时，美国还拥有所有生产航空装备所需的原材料、燃料和专业工人。

在未来，想要从空中征服世界，比以往征服一个国家还要容易。空中力量令世界变小了，我们不再以英里为单位计算距离，而是以小时为单位，现在，遍及全球的通信，更加缩短了各国之间的距离。如果某个国家控制了天空，它就几乎控制了全球。

地球上没有空军无法达到的地方，它可以将文明的种子洒遍全球。

第二章

美国是航空领导者

在探索航空事业时，不要奢望走捷径。

人们有效仿和学习成熟学科中可以沿袭的东西的习惯，但是在航空方面，我们却没有任何可以参照效仿的对象，航空人员大部分要靠自己。发展任何一项新事业，都需要做好充分的准备。对于航空人员而言，他们必须证明自己能为国家带来巨大的价值，否则他们的实验就将被中止。

兰利[1]的经历不是个例，我们也会经常遇到——他的实验因为遭人非议而得不到国家的资助，最后致使历史上最重要的成就与我们失之交臂。幸好，国会终于重视航空了，它能为航空发展需要提供经费，它甚至愿意为了可能的前景而冒点风险了。

战时，国会希望拨款给航空就立即收获成果，然而事实并非如此。人们在战争结束时才明白，金钱不能买到航空知识，航空知识靠的是长时间的经验累积。拨款给航空没什么错，但在战争爆发前政府所花的钱却并未为航空打下坚实的基础。

欧洲大战开始时，美国才14名飞行员。在战时，美国努力创

---

〔1〕兰利（1834—1906），美国物理学教授，曾用空气动力学解释鸟类飞行的原理，1896年造出一架用蒸汽机为动力的模型飞机，1903年造出内燃机为动力的有人驾驶的飞机，在试飞中坠毁，比莱特兄弟的第一架飞机试飞成功早9天。

建一支航空部队，1.5万名公民接受了飞行训练，许多工厂在制造飞机，这些飞机造价低、性能高，但是我们仍在采用外国装备，因为我们没有时间制造自己的装备。

在这次战争中，航空兵的统治地位逐渐显现，如果交战双方中的一方没有航空兵，则拥有航空兵的一方就能在两周内取得胜利。在这次战争中，航空还处于幼年时代，飞机才刚刚出现，飞机的重要性刚刚被飞行员接受，而其他人则将飞机看作是违反战争科学的异端。

1918年，我国的航空兵经受了战火的洗礼，在蒂耶里堡之战，航空兵匆匆投入战斗，与协约国一同作战。经过长时间的战斗，航空人员想出了许多应用于航空力量的新方法，直到战争结束，美国已经拥有一个熟知最新空中战法的战斗参谋部，以及一批历经战火淬炼的飞行员。这批飞行员掌握了空战技法，能在单机作战或联合出击时击败世界其他飞行员。

而且，我们还掌握了最大的航空联合部队，在圣米耶勒和阿戈讷战役中由统一司令部指挥。航空力量主要由美国掌握，而空中力量对战局产生了极大的影响。

1919年春，战斗人员从欧洲返回，许多人看不到我国航空事业的未来而选择退伍。幸好，还有一批坚定的战士留下，他们成为后来航空发展的基础。这些人成为我国空军组织的基础，他们洞悉现实条件，他们远见卓识，他们了解未来航空兵的伟大前景。

未来战争的条件肯定与刚过去的欧洲所发生的情况完全不同。过去，欧洲没有航空兵，当交战双方意识到航空兵的作用并着手发展航空兵后，双方在空中的实力相当。直到停战前三四个月，协约国才获得绝对优势，这种优势决定了战争的结局。

美国所面对的任何入侵，首先涉及的是我国的沿海防御问题，因为它将对付来自欧洲和亚洲的空中或海上部队。这时，陆军的作用变小了，空军则承担起保卫国土的任务，它能保卫前线、港口，甚至是小村庄，因为它们都可能会成为敌人空袭的目标。必要时，我们也可以主动地发起空战，因为一支空军能阻止敌人从海上运输部队和补给。因此，我们的国防发展计划必须基于这样的设想，即未来战争主要取决于国家能生产和使用的空中力量的总数。

身为美国空军军官，我们还有义务宣传航空事业实用、可靠和高效。

空中力量的组成很繁杂。人员方面，它需要军官、机务人员、制造师、设计师、工程师、检察员，这些人都需要经过长时期的培养才能具备一定的技能。这就需要适当的训练制度，训练制度的制定取决于如何使用空中力量。空军的主要工作是飞行员承担的。发展军航与民航，则需要选择航线，建立航空港，照这样去建设航线，才能适用于民用与军用飞机。未来，我们将看到民航与军航并肩发展的局面，它们可以采用同一条航线，相同的导航仪以及相同的飞行方法。

上次战争期间，还没有航线的概念，因为距离前线非常近，即使用较慢的飞机从大西洋飞往瑞士边界也只需要两个多小时。现在，我们必须建立从大西洋至太平洋的航路，还要建立从北部边界到南部边界的航路。这些航路将由无线电通信连接起来。我们已经设立了一个气象机构，能及时为飞行员预报未来36小时的天气情况。我们已经能将汽油、机油、机器及备件送到临时机场，我们还能控制整条航路，空军可以迅速地到达航路所经地点。

我必须指出，大量飞机是可以从一海岸飞往另一海岸的，空军部队转场飞行的例子证明了，空军能控制美国的所有边界和海岸上空。但是民众仍然认为飞机飞行很短的距离就需要检修。他们还认为，飞机只能在天气晴朗时飞行，遇到风暴、暴雨、大雾时，飞机必须停飞。

下一步，我们要证明飞机能击沉战列舰。刚刚结束的欧洲战争，使盟国控制的海域范围前所未有的大，而飞机还没有被用来对付舰船。我们必须证明，飞机在水面上飞行就和在陆地上空飞行一样容易；我们还要证明，飞机能像在白天一样地进行夜间飞行。为此，我们需要改进武器以精准打击水面上的目标，还要具备在任何气候下、各种条件下飞行的能力。

但是，我们没有任何先例可循，只能靠自己，然后着手试验我们的理论和想法。许多工具和武器还未发明，许多装备的性能还达不到我们的要求，因为我们的大部分装备是为欧洲战场制造的。幸运的是，我们的发动机已趋于完善，成为世界上最可靠的航空发动机；我们也积累了大量航空器材，如枪炮、炸弹和仪表。

我国培养的飞行员和空军军官是我们最大的财富。他们有豪情壮志，对空中力量的发展充满信心，为了壮大空中力量，为了将航空事业推向高峰，为了将美国送上领先地位，他们愿意献出生命。1919年，美国制定了一个发展计划，虽然几经周折，但总算执行了。

理论证明，航空技术可以为飞机在世界任何地方建立航路，供其飞行。空中力量能在任何地方发挥效用，它能控制海域对付海军，通知陆地方面对付敌国的陆军。飞机可以为世界最大的居民中心与最难到达的地点之间，建立快速交通。这将为人类带来巨大利益。发展航空固然困难，但自1919年以来，美国航空勤务部队已经尽了最大努力来解决它。

1919年夏天，我国只用了两周时间就建立了一条从纽约到旧金山的空中航路。这条航路横贯美国大陆，每200英里就有一个机场，每50英里就有一个临时机场，整条航路由电报、电话、无线电联系，并得到了气象勤务部门的支援，所有机场都备有汽油、润滑油、机器以及零部件。以现在的标准，该航路的设施是很完备的，可满足任何运营的需要。当时尚未发明航路灯，所以没有夜间照明设备。

从纽约和旧金山各有30架飞机出发，飞机在两个地点之间折返。对这次竞赛，人们很热情，他们筹措奖金，奖励耗时最少的飞行员。这次竞赛是对航空的一项考验，考验内容涉及空中航路能否建立，飞行员能否找到航路，发动机是否能连续飞行。飞行员成功地完成了飞行，他们飞越高山、森林、河谷、沙漠和其他所有障碍，也能在不同环境的机场降落。梅纳德中尉赢得了比赛，他曾为远距离飞行做了大量准备工作。

这次飞越大陆的试验充分证明，空中力量能飞行很远距离，现有的飞机和发动机能进行长时间、不间断的飞行，我们的飞行员在任何条件下都能找到航路。

这次航行的控制措施很完善，包括飞机起航，飞越某点的报告，途中加油和检修飞机等。这次试验的最现实效益为，纽约到旧金山的航空邮政服务诞生了。

竞赛中也出现了几起事故，其直接原因是部分飞行员缺乏经验，这些飞行员毫无战争经验，他们不像经历过战争的熟练飞行员一样，他们还不习惯在陌生的地方飞行。之后，国家要求所有的飞行员都必须飞越全国的每一个州。

这次试验，标志着美国对空中力量的运用，它是空中力量被实际使用的开端。我们的努力得到了丰硕的成果，我们的成就被外国关注，它们的关心程度甚至超过美国政府。我们的经验被它们吸收，我们的教训也给它们留下了深刻的印象。我们的开拓成果，成为全世界的共同财富。

在这个时期，航空人员研制炸弹和设备以期可以用飞机击沉战列舰。但是，从1919—1920年，我们并没有得到一艘战列舰作靶标，唯一的好消息是，我们强化了飞行员的轰炸训练，我们也在努力研究用于击沉战列舰的武器和战术方法。

证明了飞机能飞越美国大陆后，我们还需要证明我们有能力建立通往阿拉斯加和亚洲的航路。1920年，在加拿大政府的协助下，我们建立了一条从纽约经加拿大到阿拉斯加和诺姆的航路。斯特里特上尉带领4架飞机从纽约出发，经54小时的飞行到达诺姆，再沿原路返回。在诺姆，斯特里特上尉一行人已经到了亚洲的入口处，再飞一个半小时就能到达西伯利亚。可见，只要我们准备充分，我们就能做环球飞行。

毫无疑问，人们在世界任何需要的地方都可以建立供军事和民航使用的航路。

现在，我们所面临的问题是，民航运什么最经济，即基于空中运输与陆上和海上运输的运行成本，空运什么物件最有利；在军事方面我们面临的问题是，可以利用这些航路攻击哪些陆上设施和水上设施。

我们历经艰辛，终于从德国弄来一艘齐柏林飞艇。我们打算用这种飞艇承担侦察、运输货物和给养、运载飞艇作战人员、作为飞机的母艇、在需要投放的地方投放飞机等任务。

我们的武器日益完善，可以击沉商船、鱼雷艇、驱逐舰、巡洋舰甚至是战列舰。这些军舰装备有舷侧重装甲可以抵御投射武器和加农炮袭击，其甲板也能防备落到舰上的炮弹。想要击毁军舰，只能使用投射武器直接击中它。战列舰最薄弱的地方在于，舰底没有装甲。根据这个缺点，我们可以利用水下爆炸产生巨大力量击穿战列舰底部，使其沉没。

大家还记得吧，小时候我们潜入水中，用两颗石头互相撞击，现在我们可以利用这种力量攻击舰船。深水中，距舰船一定距离的爆炸能破坏冷凝气系统，致使蒸汽泄漏，舰船无法机动。另外，螺旋桨、桨轴、舵也可能被损坏，以至于船的水下部分的整体性能被破坏。为此，我们的炸药要在水下深处爆炸才能产生这样的效应，并制成引信。这些装满了1000多磅[1]TNT炸药的炸弹如果击中了船上的甲板，它就能使甲板穿孔碎裂，杀伤暴露的人员和装备，甚至炸坏舰船的弹药库和锅炉。如果炸弹在战列舰吃水线以下爆炸，就能使它失去平衡而沉没。

1920年，我们的试验证明，我们能够摧毁、重创和击沉任何战列舰。这引发了一场有趣的争论，这次争论证明，改革总是会受到保守分子的非难。当时，海军部部长宣称，战列舰不可能被炸沉炸毁，我们轰炸时，他愿意站在舰桥上。众议院的安东尼先生，参议院的纽芬议员提议，授权美国总统为我们提供一艘战列舰作为试验靶标。幸好，战时俘获的德国战列舰，移交给了美国，根据协定，这些军舰将被摧毁。

---

〔1〕1磅≈0.45千克。

在国会的授权下，海军部开始规划炸毁这些军舰，需要炸毁的有潜水艇、驱逐舰，还有巡洋舰“法兰克福”号和无畏舰“东弗里斯兰”号。“东弗里斯兰”号是德国海军上将下令建造的，它被称为“不可能沉没的船”。“东弗里斯兰”号有许多水密隔舱，每个舱有牢固的隔板，所以，一个或几个隔舱灌满水时，舱壁不会出现裂口。它底部的三层船壳都是很厚的装甲。这艘无畏舰曾多次遭袭，但都安全地回到了港口。

这是一个非常好的试验对象，也是一个很难对付的大家伙，为了炸毁它，我们将海军军官和空军军官召集起来，一同制订轰炸计划，以便学习轰炸知识。会上，海军坚持要把这些舰艇锚泊在切萨皮克湾外。

准备执行轰炸任务的飞机在兰利机场集合，此地距离切萨皮克湾口25英里，加上军舰到湾外的距离，飞机将要在水面上飞行约100英里。此外，飞机可能还需要进行一小时机动飞行来接近目标，并以100英里/小时的速度投下炸弹，因此，在这次轰炸任务中，飞机大约将在水面上飞行300英里。正常情况下，飞机在水上飞行这么远的距离是完全可以办到的，但如果一旦发生险情，就必须在水面迫降，这就可能造成严重后果。在战时，我们必须涉险；在平时，没有必要这样飞。

其实，还有两个地方可供军舰锚泊，一处在哈特拉斯角，一处在科德角。大多数海军军官为了自己的小心思，想证明空袭没有任何效力，想让更多的国会议员看到空军的无能，于是坚持将锚泊地设在切萨皮克湾外的海上。

按照国际惯例，船必须沉在深水中，而且炸弹在深水中爆炸的威力小于在浅水中，炸弹在深水中爆炸，无法产生向上爆炸的力量。

但是，为了证明我们的观点，我们接受了苛刻的挑战。海军军官们设置的这些障碍，加大了我们试验成功的难度。

这次集结的飞机来自西部、北部和南部，一架汉莱–培基、两架卡普罗尼从得克萨斯起飞，这些重型轰炸机是首次这样连续飞行。边界巡逻队的老飞行员也到兰利机场待命。边界巡逻队是1919—1920年间，我们部署在墨西哥边境线的飞机巡逻部队，用于保护美国边界。

飞机到达后，由参谋机构结合欧洲作战经验将它们组织起来。参谋部将制订整个组织和作战的计划。组成的这支空军部队被称为第1临时空军旅。这个空军旅的组织架构是很完备的，它具有一支大空军作战所需的每一个组成部分，其下辖的驱逐航空队，由在欧洲大战中表现杰出的鲍廉姆上尉率领。驱逐航空队的任务是保护大型轰炸机。

此次行动中，我们所采用的轻型轰炸机是旧式德哈维兰飞机，其任务是：攻击鱼雷艇、运输船和轻型舰船；当遭到舰艇上的炮火威胁时，近距离地使用小型炸弹和机炮反击，为重型轰炸机作业扫除障碍。

在这次行动中，我们采用重型轰炸机还有马丁轰炸机。当时，马丁轰炸机刚刚问世，还没在部队中使用过。虽然我们曾在欧洲驾驶大型轰炸机从意大利飞往西欧前线时，在翻越阿尔卑斯山遭遇了灾难性打击，但是，马丁轰炸机性能优越，又得到了空勤支持，30架飞机都安全地抵达兰利机场。

马丁轰炸机可巡航550英里，携带3000磅炸弹，是我们所见过的最强大的飞机。刚开始，飞行员都不太适应，在驾驶飞行时，甚至有点紧张，不久马丁轰炸机以良好的适航性恢复了他们的信心。

飞行员开始进行飞越水面的训练，为了配合他们的训练，我们在水面上设置了固定的和活动的两种靶标，有时还利用汽车沿路奔驰模拟快速移动的舰艇。同时，我们还对舰艇为躲避飞机而转向也进行了模拟。

为了加深对舰艇的认识，所有人员都对舰艇进行了仔细的研究，不仅要熟悉舰艇的外观，还要对它们的内部构造进行剖析，以此来估计摧毁每一级舰船所需的炸弹的规格。

当局要求我们，在第一次机动飞行中只使用高爆炸弹对付弗吉尼亚角外的舰船。这次行动的飞行人员都已经有了3～5年的飞行经历，他们具有决断力、能力，对组织充满信心，具有丰富的作战经历。在兰利机场集中时，我们没有损失一名飞行员。

在行动开始前，第1临时空军旅的组织已经健全，海上轰炸的训练也在紧锣密鼓地展开。我们在巴克河附近的沼泽建立一艘战舰的模型，作为轰炸的对象，每天练习。之后，我们把在切萨皮克湾的一艘拖船当作一艘战列舰进行轰炸。我们用重磅炸弹轰炸了“得克萨斯”号和“印第安纳州”号两艘旧战列舰的残骸。

当时，能见度对飞行造成了极大的阻碍，许多掌握了海上飞行技能的飞行员，都因为这种原因，难以保持正常飞行的同时进行轰炸。幸好，斯佩里飞机公司制造的陀螺仪解决了这个难题。此后，我们的轰炸就能变得如此精确，以至于那些抱怀疑态度的军官都明白，无论是敌人的海上舰船处于停止或是航行状态，不管它们速度有多快，空军都可以击中它。

接下来是夜间练习。飞机在夜间编队起飞，按照白天进行的方法练习轰炸，搜索水上出现的目标，相互传递信号进行攻击。

在夜间，飞机沿着海岸来回飞行，以熟悉各个灯塔和救生站的准确位置。

这次行动使用的炸弹也相继运到，我们先使用一些炸弹试验了飞机上的挂弹架和投放装置，以保证这些装置的功能。试验时，我们携带少量炸弹并投下，没有一颗炸弹投弹失效。

现在第1临时航空旅已做好准备，可随时攻击任何一艘战舰。我们有威力最强的炸弹，我们具备了携带这些巨型炸弹进行作战的经验，我们拥有最好的飞机来执行携弹轰炸的任务，我们还得到了一个水上飞机中队的支援，该中队配有医生、紧急救护装备。这个水上飞机中队也进行了大量的训练，以应对意外情况。

我们还准备了4艘小型飞艇，它们能够昼夜飞行，可以在空中停留二三十个小时，速度为60英里/小时。飞艇上装有无线电报设备，可以进行侦察勤务。飞艇上的人员，也都接受了救生训练。

为了详细记录此次行动的一切细节，我们还在飞机上装备了固定照相机和摄录机，以便记录每次攻击情况。

同时，我们的气象勤务组织也能为飞机提供准确的气象预报。第1临时航空旅还专门针对云中飞行、雨中飞行和风暴中飞行进行过练习。切萨皮克湾的夏天，雷暴天气时有发生，风暴发生时，风速非常快。遇到这种极端天气时，飞机难以逃脱。

我们期待已久的日子终于到来了，现在，我们将向世人证明，飞机可以炸沉战列舰。我们此举意味着飞机能够控制所有大洋的交通，将改变各国的国防安排。

第三章

飞机能制服海上舰船

8艘战列舰、若干巡洋舰、驱逐舰，以及医务船、补给船等，驶入了切萨皮克湾。船队被集中起来，海军军官们也来观察这次轰炸试验。许多人还认为飞机不可能炸沉甚至炸伤战列舰，在他们看来，炸弹即使击中了战列舰，也无法造成大范围的损伤，因为他们根本不知道空中轰炸的精确性，以及炸弹的巨大威力。

第1临时航空旅正踌躇满志地准备着。1921年6月2日，第一次试验开始，目标是德国潜艇U-117号，它锚泊于海角外约75英里。第1临时航空旅的3架水上飞机组成空中小分队，由托马斯中尉指挥，组成V型编队飞行，掠过目标时，每架飞机试投一枚炸弹。试投很圆满，炸弹要么直接命中，要么在潜艇附近几英尺[1]处爆炸。这次试投总共投下9枚炸弹，每枚炸弹重180磅。结果，炸弹的弹着中心正好命中潜艇，潜艇被炸成两截沉入海底。

除了航空人员，现场的其他人完全没有料到第一次试验是这样的结果。在之前的战争中，被加农炮击中的潜艇，船舱要灌满水才会沉没。航空炸弹却可以将潜艇的水上、水下和沿吃水线的部分炸成碎片。那些还在摇摆的人，已经开始慢慢相信航空炸弹

〔1〕1英尺=0.3048米。

了，而那些固执守旧的人，也被震动了。

国会议员、海军军官、报刊记者和其他人士，在海军运输舰“亨德森”号上通宵争论，他们还没有打消对航空力量的怀疑。

1921年6月4日，第1临时航空旅的新目标确定了：德国鱼雷驱逐舰G-102号。这是一艘大型舰，曾在战争中多次登上战场。为此，第1临时航空旅严格采用攻击装备有航空母舰和飞机的任何海军部队的方法。18架装有机枪和4枚25磅重炸弹的驱逐机编成3个中队，负责轰炸军舰的上层建筑、高射炮、探照灯和人员，以便扫清甲板上的障碍。

驱逐机飞行员认为他们能投射25磅重的炸弹炸沉军舰，因为一颗小炸弹投进军舰的烟囱，就会引起锅炉爆炸，从而引发军舰爆炸。我犹豫了很长时间，因为他们所使用的旧式飞机的油量只够飞行两小时，最后他们坚持要求执行任务。

驱逐机编队身后是DH型轻轰炸机中队，该中队每架飞机都搭载了4枚100磅重的炸弹，仅是这些炸弹就能炸沉一艘驱逐舰及任何非装甲舰艇。如果炸弹击中了驱逐舰，就可彻底破坏舰上通信设施，杀伤舰上人员，甚至能炸毁螺旋桨轴和舵。哪怕是一艘中型装甲舰，一旦被这种炸弹击中后都无法保持正常作业。

与DH型轻轰炸机中队相距2英里的是，由12架马丁重型轰炸机组成的轰炸机队，呈V型编队快速跟进，每架飞机载有6枚200磅重的炸弹。这在航空史上，是首次利用大型空军的所有机种配合攻击。首先，驱逐航空兵直接与敌方的航空兵对阵，在战胜对方后，用机枪和炸弹攻击战舰甲板；然后，轻型轰炸机负责击溃和摧毁战列舰的辅助舰，如巡洋舰、驱逐舰和潜艇；最后，由重型轰炸机击沉战列舰。

参谋机构曾规定，可以采用任何我们认为合适的方法攻击驱逐舰，于是我抓住机会，命令第1临时航空旅全员加入战斗。结果证明，我的决定是正确的。

我乘坐指挥机“鱼鹰”号，在海上指挥，该飞机的汽油可供飞行500英里。当时，由约翰逊中尉驾驶一架全新的托马斯·莫尔斯单座驱逐机为我护航，这是一种时速为170英里的飞机。约翰逊中尉担任了我的信使，他能驾驶飞机在很短的时间内传递信息。

当时，我在空中观察到，美国海军的大西洋舰队围成了一个圆圈，将目标舰包围着。天空中的卷积云很好地掩护我们的飞机，使我们能轻易地接近敌人。之后，按照设定，“敌方”的驱逐兵已经被我驱逐机中队击败，我驱逐机中队编成一个大V型编队准备空袭。

领队鲍康姆上尉发出信号，驱逐机中队的飞机逐次向驱逐舰俯冲，直到距离驱逐舰200英尺处，投下一枚炸弹离开。每架飞机的跟进时间约为30秒，这就形成了一个连续不断的炸弹流。这次攻击很壮观，每枚炸弹都直接命中它瞄准的地方。驱逐舰的甲板被击穿，阿尔斯沃思中尉把一枚炸弹直接投入一个烟囱。每个人都被这种轰炸的精准性惊呆了。

我通过观察发现，在驱逐机的掩护下，轻型轰炸机使用200磅的炸弹轰炸时，最好采用飞机相距200码[1]逐次投弹的方式，这将缩短间隔时间，每架飞机都能根据前一架飞机投下的炸弹火光进行校正。采用这种方法，也能令敌舰难以躲避轰炸，因为每一架飞机投弹前都将根据前一架飞机进行校正后投弹。

驱逐机已经飞行了很长时间，我担心它们的燃料不足，于是

〔1〕1码=0.9144米。

派出了马丁重型轰炸机执行最后的轰炸任务，在劳森上尉的带领下，12架重型飞机腾空而起，它们投下了炸弹，驱逐舰上顿时一片火光，接着这艘巨舰从中间断开，最后沉入深海。

这次表演有力地说服了那些对空中力量持反对意见的人。在航空人员眼中，击沉军舰并不是什么特别困难的任务，而这些人寄予厚望的高射炮并未给飞机造成什么麻烦。在驱逐机和轻型轰炸机的掩护下，大型轰炸机可以毫不费力地进行轰炸。事实证明，我们所采用的轰炸方法以及行动系统构建都是正确的。炸弹的威力，我们投弹的准确性，飞行人员的热情，无一不证明空中力量在海上的前景。

这次行动，除了马丁重型轰炸机外，其余的飞机都是从上次战争中留下来的旧式飞机，但我们没有一架飞机损坏，我们也没有一架飞机在水上迫降，加上机上人员的出色操作，令那些存心要幸灾乐祸的旁观者大吃一惊。

只有一架马丁重型轰炸机遇到了点麻烦，但是飞行员邓拉普及时地处理了问题，并驾驶飞机安全着陆。我的信使约翰逊因为燃料耗尽，也出了点小问题，所幸并没有造成什么大损失。

当天晚上，大家兴高采烈地回到了兰利机场集合。所有人都很高兴，因为我们证明了飞机完全可以征服海上舰船。

不久，第1临时航空旅又有了新任务，在特拉华河口与切萨皮克湾口之间搜索一艘战列舰，并用装沙炸弹炸沉它。这艘战列舰的航速仅为6海里[1]每小时。面对这样的对手，派飞机去侦察就有点大材小用了，最后我们派了一些飞艇去搜索，而飞艇也发回了军舰确切位置的消息。可见，从空中进行侦察，能很容易地发

---

〔1〕1海里=1.852千米。

现海上舰船，以及它们型号的特点。

我们的实验证明，航空炸弹可以炸沉潜艇和驱逐舰，这说明航空炸弹在攻击商船、运输舰或其他任何没有装甲防护的舰船时，是可以将其炸沉的。

我们接下来的目标是“法兰克福”号巡洋舰，这是一艘拥有装甲、水密隔舱的现代化军舰。7月19日，试验开始，我们以不同规格的炸弹逐次轰炸，每次投弹的数目都有规定，目的是检验炸弹对舰艇的损伤程度。100磅，300磅，每次损伤都被详细记录下来。最后，我们使用了600磅重的炸弹，这次轰炸由劳森上尉率领一个中队执行。轰炸机中队形成一列纵队，立刻飞向目标。

期间曾发生了些趣事，当第一枚炸弹直接命中甲板时，爆炸的弹片飞出1英里多，吓得正在观察的人员四处躲避。这令我有些怀疑，当空袭发动时，舰上的人员是否能坚守岗位。试验证明，600磅重的炸弹的效果非常好，“法兰克福”号迅速向左舷倾倒下沉，不久就从海面上消失了。可见，我们的航空炸弹可以炸沉有装甲防护的巡洋舰。

另外，当我们一次次用小型炸弹轰炸“法兰克福”号时，海军代表团认为，它顶得住空中突击，于是派出一艘战列舰，想要用加农炮快速击沉“法兰克福”号。事实证明，与航空炸弹相比，加农炮的威力小得多，火炮只能在舰身吃水线以上处打几个洞，而航空炸弹却能击穿甲板直达军舰的底部。

最后的目标是“东弗里斯兰”号，这是最艰难的一次试验，如果我们不能把它击沉，那么我们之前的一些成功都将被抹杀，空中力量的发展也将受阻。当时，外国空军是没有轰炸战列舰机会的，美国空军是第一个得到战列舰作为试验目标的空军。

我们首先用一些小型炸弹毁掉了“东弗里斯兰”号甲板上的装备，使其无法工作。这只是准备工作，想要炸沉这艘巨舰，我们需要使用1200磅重的巨型炸弹。我相信，民众能从英勇的飞行员将“东弗里斯兰”号摧毁的过程中，亲身体会空中力量的巨大威力。

7月20日，我们才被批准可以使用1100磅重的炸弹，命令规定我们每次只能投递一枚这种炸弹，这个与我们原计划的两枚出入太大了。要知道，投递两枚这种炸弹不论投在军舰附近的任何地方，都能把它炸沉。任务由比斯尔中尉指挥的飞行分队执行。比斯尔中尉和他的飞行员们冒着大风，展开成纵队，飞向目标。到达目标上空后，5枚炸弹被快速投下，2枚炸弹落在船舷附近，3枚击中甲板或船舷，引起了可怕的爆炸。瞬间，水面上碎片乱飞，水柱冲天，弹着点上空的飞行员也能感受到轰炸产生的气流和噪声。

比斯尔中尉的小队转过弯来，准备把剩下的5枚炸弹一并投下，海军指挥舰立即慌乱地发出停止攻击的信号。正在这时，我们发现风暴从北方袭来，幸好我们已经做好了应对风暴的准备，准备救援的飞艇立刻躲开风暴，比斯尔中尉的编队，突破风暴飞向兰利机场。

我等所有飞机返航后，才飞向海岸。为了安全起见，我决定躲开风暴，因为我身后还有一些飞机跟随我一道，带领着它们穿越风暴是非常危险的。我们飞行了很远才绕过风暴。天黑以后，我们才在兰利机场降落。我们的重型轰炸机也挂弹停在机场，机场上照明设备工作不良，我们必须非常艰难地躲开这些挂弹的重型轰炸机，稍有不慎碰上一架飞机，整个兰利机场都会被炸毁。

第二天一早，劳森已准备好率领中队携带2000磅重的炸弹进行我们的最后一轮试验。一些人劝我们放弃，因为一旦成功，海军的处境会很尴尬。制造一艘战列舰的花费，足够建造1000架飞机；一些人支持我们完成试验，他们看到空中力量在海上的能力，认为如果美国不能从中获得正确经验，就将被其他国家超过。身为航空人，我知道，我们已经改变了战争，我们要让每个人心服口服。

最后的时刻终于来到，劳森上尉和他的飞行员们各载着2000磅重的炸弹飞向“东弗里斯兰”号。经过前一天的轰炸，这艘巨舰已经下沉了许多，劳森上尉判明风速和飞行高度后，将7架飞机的V形队形改为单机纵队队形。很快，4枚炸弹相继在“东弗里斯兰”号舷侧附近爆炸，炸弹掀起的巨浪将战列舰抛起。最后，“东弗里斯兰”号只有舰艏顶部还露在水面上，其余部分全部沉入水中。有人认为军舰下沉时会产生巨大的漩涡，在试验中并未出现。

我曾强烈地渴望炸沉潜艇和巡洋舰，当我亲眼见一艘艘军舰从我眼中慢慢消失时，我感到十分不安。我在“东弗里斯兰”号上空看着它下沉，然后飞到了“亨德森”号运输船上空，船上观看试验的人向我挥手欢呼。

就这样，前所未有的航空兵突击战列舰的试验，结束了。这次试验，令人相信飞机能摧毁水面上的任何类型的舰船。

那年夏末，我们还对另一艘战列舰“亚拉巴马”号进行了同样的试验。它被拖到丹吉尔海峡附近。又是劳森，他率领飞行中队采用2000磅重的炸弹进行轰炸。此次行动，我们还试验各种武器，如磷燃烧弹、铝热剂、催泪弹等的攻击效果。

在看过各种武器的效力后，一位军官幽默地说，将来战列舰上的海员应该装备降落伞，当被炸上天后降落伞能帮助他们较为安全地降落，他们还需要救生艇，便于在海上漂浮，还需要防毒面具、手电筒等。

海上突击的试验刚结束，我们接到命令前往西弗吉尼亚州采矿区协助平乱。这里到处是高高低低的山丘，以至于难以找到一个可供飞机降落的场地。接到命令后，约翰逊上尉率领两个中队，飞跃了山脉并在查尔斯顿着陆。在陆地运输极为困难的情况下，他们在极短的时间内运载着医疗队、药品、机枪弹药、催泪毒气弹和爆破弹到达了目的地。这次，我们证明空中力量有能力飞到任何地方。

1921年年底，美国航空署总结了空军部队面对海上舰船可采取的具体行动。1922年，美国获得了关于飞行速度、高度、距离、滞空时间的记录。1923—1924年，美国空军击沉了更多的战列舰，实现了昼夜飞越美洲大陆的创举。之后，我们建立了绕地球航行的航路。

这些成就，已经引领全世界的航空科技走上了新的发展道路，我们的努力，有助于商业和文明的进步。可是，我们的成就还是与我们所拥有的资源和能力不符。

第四章

民用航空和商业航空

交通运输是文明的要素。人与人交往越快速，文明程度就越高。发达国家总是以此观点建立并控制国家运输系统。一个国家如果没有运输能力，不管它多么地大物博，有多大的产能，它都无法输送货物，获得利润。

没有什么比缺乏运输更能限制人类的发展了。你看，在阿勒格尼山区和大西洋沿岸的小岛上，那些首先来到美洲的人，他们的文明却没有任何进步。这种情况，就是由于缺乏运输所造成的。我曾多次驾机到达一些偏僻地区，那里的人不会读书写字，也不关心州长是谁，他们连最近的邮局在哪里都不知道。

陆上和水面上的交通工具只适用于它们能够通行的地方。在陆上，是那些适于建设公路和铁路的地方；在水上，则是深水港、河流、海湾处。这些地方都有一定的限制，如坡度较小，总是沿着河流走向等。以此产生的交通工具无法与飞机相比，因为空气遍布全球，以空气为介质的飞机可以为任何地方服务。

飞机优于其他运输工具在于：首先，它的速度快；其次，飞机可以直接将货物从空中运到终点。第二点用作商业广告特别合适。另外，飞机装上照相机，进行空中照相，可用于多种用途。

例如，为国土测绘提供帮助，空中照相可以描绘地面形状，还能测出地形高低等。

1919年陆军航空勤务兵创建了森林巡逻队，为政府节省了大笔费用。

飞机的用处还体现在民政工作方面，例如，实现人工降雨缓解旱情，利用飞机灭虫尤其是消灭蝗虫。

在某些地方，航空勤务机构还广泛地参与医疗救援。泰国就有一个非常发达的航空服务机构，他们利用飞机将被毒蛇或其他毒虫咬伤的患者运往巴斯德研究所[1]急救。如果依靠陆地或水上交通工具，这些伤者可能因无法及时治疗而死亡。现在，医疗救护飞机已经在世界各地普及开来。

在我看来，民用航空和商业航空是有区别的，民用航空为政府民政部门工作，不参与陆上运输竞争，它与严格的商业航空不同。商业航空的出发点是，与现有的所有交通工具竞争，谋求盈利和发展。我们的航空邮政就是一项十分出色的商业航空工作，我国从纽约至旧金山的邮政线路已经证明，一种正规的、安全的和持续的航空邮路是可以建立和保持的。航空邮路，可以不分昼夜，不管温度高低，甚至是恶劣天气都不能阻止飞行。航路实际上在世界任何地方都可以建立。

纽约商人协会认为，使用航空邮件，将使各城市与纽约之间平均节省时间12～14小时。据说，如果夏延市与芝加哥和纽约之间都采用航空邮件的话，该地区之间每天就可有30万美元的“头寸”流通。堪萨斯城第十联邦储备区有59家银行，它们与4416家

〔1〕巴斯德（1822—1895），法国微生物学家，首先应用疫苗接种预防狂犬病及其他传染病，1888年建立巴斯德研究所。

银行每天有240万美元的票据交换额，几乎这些营业额的50%都是与纽约、明尼阿波利斯、丹佛和达拉斯进行的。这些例子，足以说明，使用航空运输，仅在财政活动方面，就能大大获利。可想而知，若在亚洲人口众多的各中心和美洲建立航空邮政机构，两地通信的时间将由4～6周减少到60～80小时，其结果又将如何！

妨碍商业航空发展的原因是：巨大的运营成本，缺乏空运货物是有利的认识。商业航空想赚钱就必须做到航班定期，运送旅客和货物一定要安全，而不会有太高的事故发生率。

1918年世界大战停止后，欧洲国家就立刻建立航空线。他们改装了大战时使用的作战飞机，用以载客，但这类飞机的使用费用很高。此后，人们不断地努力，试图开发出一种真正的商用飞机，这种飞机的保养和使用费用将大大下降。从目前的情况看，用不了多少年，飞机就可在运载货物和输送乘客方面与陆上和海上任何交通工具相匹敌。

看起来，同样是运输距离为1英里，飞机运送1磅货物所产生的费用几乎与火车运输1吨货物的费用相当。运输同样重的货物，飞机在空中飞行所需的牵引力是火车的10倍；飞机燃油的单价是火车燃料的10倍；火车运送100吨货物只需要五六个乘员，而飞机每运送1吨货物至少需要1个乘员。

目前，在500英里内，飞机所需的时间比铁路长，这是因为机场远离市区，而且还要考虑到上下飞机所可能耽误的时间。如果机场位于轮船码头或铁路沿线附近，上述问题就不存在了。

有时，为了节省时间，夜间空运旅客也是可能的。例如，从纽约至芝加哥，晚上从纽约搭乘飞机第二天早上就能到达芝加哥，这比乘火车方便多了。进行夜间飞行，基本上要求距离超过500英里。

关于安全性，在严格的管理和完善的航路设施前提下，飞机的安全性可与地面运输工具相比较。军事飞行事故频发的原因在于，军队的着重点并不在飞机的安全性能，而是在其他性能上，如要求其速度最快、载重最大等。军用飞机通常以机群方式活动，于是经常出现飞机相撞的现象，加上空军总是要求给敌人最大打击，因而这种撞击的危险极大。关于商用飞机，一切以乘客和机组的安全为前提，所以已经极为安全了，对于风暴和大雾这类航空杀手，我们已经采用了新仪器，例如我们可用无线电报发出警告，警告飞机避开风暴。随着科学的进步，我相信这种安全系数还会继续上升。

至于速度，飞机已经超越了其他所有交通工具，今后它的速度还会进一步提高。

对于航空事业，我的观点是，政府需要以实际行动来支持它的发展。关于航线，我们的政府需要倡导航线开发。欧洲国家采用了高额补贴制度，即如果一个公司有意开展两个地点的飞机运输业务，而它又通过了国家的审查，就可从政府处得到一大笔钱，这笔钱差不多是购买飞机和设备金额的一半。此外，该公司的这些设备要随时处于良好状态，并经常接受政府的检查；所有使用的飞机，都可转作军用；飞行人员和机务人员也要通过政府的考察，各公司可按照它所拥有的飞行员和机务人员获得一定的补贴。最后，公司每年最低应获得5%的净收入，如果低于这个水平，政府将帮忙补足差额；如果高于这个水平，则收入归该公司拥有，政府也不再补贴。

这种补贴制度发展了商业航空，而且公司和政府都能维持航路上的人员和装备。事实上，这种措施的基本目的在于军事，商业处于次要地位。

世界强国已经看到了航空运输的前途，看到了它的潜力，它们正在为垄断制定计划。但在美国，政府还没有制定商业航空制度，只提供了少量的资助，这与那些往来于伦敦、巴黎、布鲁塞尔、柏林以及其他大城市之间的商业航空运输相比，我们做得太少了。

美国应该建立一家航空公司开拓商业航空运输事业。它可以利用现有的航空邮路建立商业航空路线，运送邮件、货物，搭乘旅客等。这家航空公司应该保持精确的成本计算，公开飞行所需的最佳设备，公开空中交通所需费用。这可以为民营航空公司提供从事商业航空运输的成本参考，使其明确需要投入多少，能够收到多少利润。

在进行这些工作的同时，政府还需要进行调查，什么货品最适宜航空运输。这些工作只能由政府主导，因为它需要花费大量金钱，做大量的调查。

如果美国能这样做，那么我们国家的商业航空就将迎头赶上，甚至超越欧洲国家。在不久的将来，当航线在我国普遍建立起来后，我们还可以建立到南美洲、亚洲、欧洲的航线。

最近，关于气流的研究有了新进展。我们完全可以设想，如果我们能利用强大气流飞行，就能大大缩短洲际飞行时间，这在未来是可能实现的。

在欧洲大战前，德国的航空运输已经超过了其他国家，德国发明了齐柏林飞艇，并且利用这些飞艇运送了20多万乘客。相较于飞机，飞艇的成本更低，而且其成本未达到最低限度。大飞艇的运营成本比小飞艇低得多，飞艇乘客可以付最少的钱，而只耗费乘坐火车的一半时间就能到达目的地。

使用飞艇所需的地面设施比使用飞机复杂，它需要巨大的机库，以及在风暴中系留飞艇的设施。法国使用的是加固的混凝土建筑。建造一艘飞艇所需的地面设施可能需要花费1000万美元，但这与轮船和火车相比，也就不算多了。据称，我们的宾夕法尼亚火车站和纽约火车站就花了将近2亿美元，华盛顿火车站花了3000万，芝加哥火车站花了6000万，而在纽约和芝加哥各建一个飞艇航空港大约需2000万美元，而它所能运载的旅客，与目前纽约至芝加哥的火车客流差不多。

乘坐飞艇旅行再舒适不过了，飞艇的舱内很宽敞，乘客可以在其中散步，而且飞艇完全没有火车的颠簸和震动，也没有海浪的起伏，没有灰尘、噪音，温度适宜，窗外风景极佳；飞艇的安全性能也很高。当人们了解到了飞艇的这些好处，它就能很快地普及开来。

飞艇的续航能力超过其他航空器，所以，它的巡航半径超过其他交通工具。英国的R-34飞艇和德国的ZR-3飞艇曾横渡大西洋，我相信它们也可以轻易地横渡太平洋。如果德国不是受到战后《凡尔赛和约》的限制，那么今天，它已经拥有遍及全球的飞艇航空线了。

齐柏林公司〔1〕是一家出色的航空机构，它有许多分工不同的附属公司，这些公司为飞艇制造蒙布、梁和内部结构所需的硬铝、发动机、气囊的金箔外壳、气体，以及许许多多飞艇构造所需的东西。这些公司的利润又向齐柏林公司投资。通过这种方

〔1〕该公司创始人为斐迪南·冯·齐柏林伯爵（1838—1917）。齐柏林伯爵是德国贵族、工程师和飞行员，他是人类航空史的重要人物之一——他发明了齐柏林飞艇。

法，公司完全不需要政府的帮助。只要时机适当，齐柏林公司不但会在德国重振业务，而且会到德国以外的国家发展。毫无疑问，它一定会这样做的。

1924年12月16日，我们的一架飞机在一艘飞艇上降落，这次试验由我们陆军航空勤务部队完成，对未来飞艇的使用产生了深远的影响。这一试验，证明了旅客可以从飞机登上飞艇，或从飞艇登上飞机，或者可以利用飞艇为飞机加油。一句话，飞艇可以用作飞机的母船。

我们需要为商业航空制定一个统一的发展规划，我们还需要为飞行员和飞机制定一个检验规则。目前，我们还没有管理这类事物的专门机构，也没有适用的联邦法案。这使任何人都能使用飞机，而全然不顾是否安全。虽然每个州都可以制定航空法令，如果没有联邦法案，那么将来就将出现地方航空法令泛滥的情况，从而严重干扰航空秩序。

要明白，制定法案的目的是为了促进航空事业的发展，而非限制它，尤其是要保护小型航空公司。法案是为了帮助它们发展，而不是处处对其限制。同时，我们的管理和执行机构必须根据航空方面的知识严格执法。在英国，航空部未建立之前，英国商务部制定的航空规划中规定，两架飞机在雾中相遇时，必须鸣雾笛！这条规定太可笑了，一看就知道，这是完全没有航空经验的人所制定的。

我们在建立航路时，必须在沿线设立飞行员可以看见的标志，保证他昼夜正确地飞行。其实，夜间飞行与白天飞行一样可靠，可能比白天还容易些，晚上12点之前，飞机很容易保持航向——大小城市都是很好的信标。12点以后，灯光都熄灭了，如果没有夜间导航灯系统，航向就很难保持了。将来，飞机将拥有无线电导航系统、气象系统、各种先进的仪表。当这些先进科技成果应用到了航空后，就能定期地运送旅客和货物从纽约至旧金山。现在，我们已经开展了这些业务，进行这样一次航空旅行虽然要花费约450美元，但是飞行速度却至少比火车快3倍，而且还比火车更舒适。

未来，我们可以建立飞往南美洲的航线，用50几个小时将旅客从纽约送到阿根廷。我们也能建立从纽约经加拿大、阿拉斯加、西伯利亚直达北京的航线，而只需花60～70小时。

至于飞艇，它能装载的旅客和货物都比飞机多，但是其速度就只有飞机的一半左右。飞艇和飞机都比陆上和水上的运输工具快，它们也不受陆上和水上交通的限制。哪儿有空气，它们就能在那儿飞行。

将来，我们的世界将变得越来越小，航空运输大发展是早晚的事，至于多早，就要看政府的表现了，在政府英明的领导之下，我们等待的时间将大大缩短。这是因为，民用航空公司的建立，需要政府从资金和技术上给予支持。空中力量的持久发展，必须以商业航空为坚实基础，我已经指出，美国发展航空事业的优势是其他国家无法比拟的。

第五章

如何组织我国空中力量[1]

〔1〕或者译为，空中力量是成为一支主要力量或仍是一支附属力量

“没有远见的人民，必将灭亡。”这句话也适用于航空和空中力量的发展。

我们正处于空中力量发展的转折点，我们的一切行动都将受民众的裁决。这是一个关键时期，目前，我们最需要的是预见性。巨大的可能性在未来，而不是在过去。我们面临着艰难的选择，是在一个负责人之下发展航空运动，还是继续将航空工作分散于非专业航空机构之中？世界列强正利用远见，全力以赴地建立航空地位，以求将来不被对手超过。

发展一项事业，需要集中精力、时间、金钱，才能获得成功。在经济方面，航空兵与陆军和海军不同，每一架飞机平时都能使用，每一个民航飞行员也能在战时驾驶飞机作战，每一个机务人员也能在战时发挥其职能。航空事业的全部效能，有90%可用于平时。一个国家在平时为航空发展做出的努力，也能立即转用于军事目的。例如，我们可以将空军部队用于国土测绘、森林防火巡逻、人工降雨、灭虫等任务。在平时，国家可使其航空总实力的一部分从事军事职能，其余的大部分用于民航工作，只需每月或每年集中一定时间进行演习和军事训练即可。

世界各国都已经仔细研究了航空所面临的全部问题，它们追求着航空投入的利益最大化。从军事观点看，航空人员必须研究空中力量对于海军及其前途的影响。他们知道，空中力量可以摧毁活动半径内的任何水面舰只。他们也明白，上次大战中，海军的水面舰只除了承担运输和巡逻任务外，极少参与作战活动。上次大战中，134艘军舰被击沉或击毁，德国潜艇击沉62艘英国军舰、8艘法国军舰与意大利的大船，美国的战列舰没有遇到任何战斗，连在欧洲水域内活动的战列舰也一样。

战争过程中，飞机要摧毁或攻击潜艇是很难的，因为飞机很难探测到潜艇，潜艇在水面下飞机就难以发现它。用空中力量对付潜艇，效果远不如对付其他水上或陆上的目标。空中力量对付潜艇的最好方法就是，炸毁潜艇的基地和加油站。这就需要最可靠的有关潜艇的情报。

潜艇是未来海上作战的主要工具。从我们已有的记录发现，欧洲大战中，潜艇的威力巨大，战列舰“奥达休斯”号，巡洋舰“汉普郡”号、“克雷西”号、“阿布基尔”号和“霍格”号，都是被潜艇击毁的。据报道，同盟国的潜艇曾在达达尼尔海峡击沉2艘战列舰，并把协约国的舰队驱赶至穆德洛斯港。据说，同盟国的潜艇人员曾经在土耳其领土上登陆，放置炸药而摧毁一座桥梁。从那时起，美国的战列舰就只能滞留在军港内，或者以最大的航速在公海上作短短几小时的“之”字形航行。

按照老的海军思想体系，一艘现代化战列舰的造价是为5000万～7000万美元，它还需要价值2000万～6000万美元的巡洋舰4艘，价值300万～400万美元的驱逐舰4艘，潜艇4艘，以及一定的空中力量。此外，它还需要1000多名人员，以及大量的军需品，还有船坞和补给。所以，每造一艘战列舰，国家将要花费数亿美元，这还不包括每年的保养费。最后，战列舰每隔几年就要更换，不然就过时了。

战列舰和其他水面舰船一样，也需要空中力量的保护，否则它将无法应付空袭。潜艇破坏海上贸易的作用越来越大，已经超过了战列舰，一些国家已经逐步停止建造战列舰，只剩下英国、日本、美国还有所保留。

英国和日本几乎依靠海上贸易为生，这两个国家的地理位置，要求它们必须保护自己的商业，否则就只能被饿死。美国则不一样，我们地大物博，不靠海上贸易也能生存。所以，像英国和日本这样的因地理位置而依赖海上贸易的国家，必须花费巨大的努力和财富保障本国的海上贸易，而像美国这样一个对海上贸易依赖性不大的国家，应该将国防经费和精力投入到能够直接击败敌人的工具上，没有必要在非决定性的地方浪费物力和人力。

身为航空人员，关于国家军事建设发展，我的意见是，国防应该大致由以下四个方面组成：第一，保卫国土安全，以便顺利筹集作战物资，这需要陆军和空军联合保证国家的安宁；第二，防御海岸和前线的任务，可以交由空军执行，它可以打击敌人的航空器和敌人的军舰，国家本土的防护，则可交给陆军；第三，海上交通的控制，飞机活动半径之内由飞机承担，其活动范围之外，由潜艇承担，水面舰只起辅助作用；第四，跨海和越洋作战，则应该是空军掩护，加上潜艇和陆军的协助。陆上基地和海上基地（即航空母舰）都将受到空中力量的打击，未来不太可能出现战舰掩护着运输船，将军队运往欧洲的情况，因为面对强势的空军，这种方式无疑是在自寻死路。所以，我们现在要做的是，完全掌握制空权，只有如此，才能渡海作战。空中力量将成为战争的主要工具。

欧洲大战中，潜艇已经证明了它巨大的威力。德国潜艇的数量增加之快，以及它们的性能提升之快，让协约国瞠目结舌。德国潜艇的活动半径之大，续航时间之久，一度被认为是不可能的。

我们穿越大西洋的运输船，很少遭到真正的攻击，以至于我们有人还不知道途中有德国潜艇，他们甚至纳闷，为什么德国不用潜艇攻击。那么，为什么我们的部队在海上没有遭到什么损失呢？最普遍的猜测是，德国不愿意冒险进攻带有大量深水炸弹的驱逐舰护航队。不过，认为德国人缺乏勇气的想法是不对的，德国人最不缺的就是冒险精神，他们的潜艇艇长更是如此。

从截获的情报以及对战俘的审讯和停战后得到的证据中，得出的结论是，他们制订作战计划的标准是击沉敌船的总吨位大小，而且晋升、授勋也是以此为基础。按照他们的标准，名列德国潜艇攻击榜首的是油轮。要知道，德国潜艇曾击沉了70艘协约国巨舰。

德国人认为，击毁商船就能赢得战争的想法有些一厢情愿。他们要求每枚鱼雷都要发挥作用，打掉一艘船，于是只能挑容易下手的船只。为了让每一枚鱼雷都能击沉目标，就必须长期等待。往西的运输船比向北的容易下手，因为往西的运输船没有强大的护航，而且从长远看，攻击满载的船与空载的船都没有多大差别，至少这种差别不值得冒额外的风险。

据说，潜艇击沉协约国商船约11153506吨，其中6692642吨是英国的，仅在1918年，英国受潜艇攻击就损失了1668972吨，损失占英国商船总吨位的40%，英国已经濒临饥饿边缘。

战时，德国共派遣了5艘潜艇到美国，这些潜艇在离美国近海处击沉了5艘各种级别的舰船。德国总共建造了大约430艘潜艇，其中大约有146艘被击沉，其中：42艘被锚雷炸沉，35艘被深水炸弹击沉，24艘被火炮击中，20艘被潜艇发射的鱼雷击中，18艘因相撞等意外沉没，7艘遭空击沉没。

潜艇每吨造价与各级水面舰艇的相同，潜艇的寿命与大型军舰相当，比轻型快艇较长。潜艇的维修、燃料、人员和其他运行费用低于任何舰艇。潜艇的防卫能力也尚未过时，它既不靠速度，也不靠火力，只是依靠潜艇本身的隐身能力，以及无需支援就能单独活动的能力，这是其他军舰无法做到的。只要它们能长时间保持最大航速航行，就能避开强敌。

有人认为，只要有了水听器或其他类似仪器，就能解决潜艇，也确实有一些德国潜艇被使用水听器的军舰跟踪并击毁，但是，这种可能性不大。任何一艘性能良好的舰长都声称，他可以逃避任何水听器的追踪。侦听仪器需要改进，但自停战以来，它毫无进展，所以还没有什么仪器能对潜艇构成大威胁。不要忘了，自从潜艇成为侦听船以来，这些仪器反而有助于它反制反潜舰。

潜艇耗油少，即使一艘小型潜艇也能航行很长时间，而一艘大型潜艇也可以不靠岸地做环球航行。德国潜艇的柴油发动机很经济，它的燃油舱和压载水舱能储存大量燃油。装载了这些燃油只会稍稍影响潜艇的灵活性和速度，而不会对其他性能造成影响。我已经说过潜艇的防卫能力不依靠速度，所以携带大量的燃油是安全的。

耐久力强，意味着居住条件良好和消耗品储存量大。实际上，如果潜艇设计得好，船上生活还是能忍受的。未来，可能设计出储存量大的潜艇来。这些因素可以使潜艇在海上维持很长时间，可以航行很长距离而无需补给。

对潜艇作战价值批判的焦点是，潜艇是否能进攻水面战舰。目前，潜艇已经证明，它可以在任何地方布雷；艇上的火炮也发挥了很大效力；艇上的鱼雷即使很节约地发射，也能击毁敌舰。除了造成直接的损失外，鱼雷形成的封锁也严重威胁到了协约国的日常生活。为了应对潜艇而采用护航舰船，耗费了大量的资源和人力，例如，驱逐舰必须采用特殊的武器和战术，而偏离了我们建造驱逐舰的意图。在欧洲大战中，潜艇付出的代价远远低于它们给协约国造成的损失。

潜艇的直接进攻能力还在继续发展。一艘英国潜艇只要装上一门12英寸[1]的大炮就可很好地作战，而在潜艇上装载8英寸或口径稍大的大炮，并保证其弹药的供应是很容易的事。火炮只是潜艇的辅助性武器，它的主要任务还是水下攻击。我们有理由相信，大力发展潜艇的进攻能力是可行的。

潜艇军官们普遍认为，在下一次国家危急的时刻，他们将在最前线战斗。水面舰队在战争开始前，就会持续一段时间的敌对行动。较弱的舰队将撤到飞机活动半径以内的海域，以便得到空中力量的保护。在敌军空中力量和潜艇的威胁下，优势舰队不太可能出现在公海上，它们的用途变小，过去那样的大规模舰队活动会渐渐减少。

一国的军事组织表现为：陆地和海上有飞机与敌人的空军战斗；摧毁海上的舰艇以及陆上的目标；潜艇成为控制海上交通线和协助空中力量的主要工具；陆军在陆上保卫国土安全，以及保卫飞机和舰艇的基地，它需要与空中力量并肩作战，抗击敌人的陆军。

---

〔1〕1英寸=2.54厘米。

未来，以战列舰为基础的海军，不能主宰海洋。战列舰的作用将逐步降低，如果仍保留战列舰，它将受到上空飞机和水下潜艇的威胁，战列舰所能获得的收益与巨大的投入相比，太得不偿失了。空中力量和潜艇的大量使用，导致了未来作战方法的改变。

建造和保养这些耗资巨大的水面舰艇，是不明智的，我们需要更有效、更先进的防御方法。一艘战列舰及其附属装备的价格，可以制造4000架飞机。

以美国目前的战列舰舰队数量来算，可以制造72000架飞机。我们可预见的任何危机所需的飞机，也不会超4000架，这与建造和维护这些军舰相比，花费少多了，而且飞机平时又能广泛用于民用航空和商业航空中。我们要考虑的费用，远不止战列舰和其附属设备的费用，海军造船厂也是需要考虑的，美国有约20个造船厂，总值约13亿美元。此外还有保养费和折旧费，每年都需要很大一笔钱。

许多造船厂通往干船坞的航道水深不够——吃水40英尺，战列舰因而不能到那里修理。如果把海岸防御的任务交给飞机，海军的海岸防御职能也要改变，许多海军场站就可以取消。为了作战，海军必须拥有基地和海军场站，在某些情况下，这些基地甚至远离国土，这又将需要数百万美元用于建造干船坞、加油站、滑油和弹药仓库以及车间。这些价值巨大的设施，完全无法抵抗空军的袭击，这么大笔钱还不如用来发展飞机和潜艇。

我们在河口、港口或港口入口处部署大炮，以击退敌军水面舰船，而拥有飞机以后，这些海岸要塞成本将降低，因为飞机能攻击距岸很远的舰船，这将使许多岸炮都失去存在的价值。我们可以将这笔钱剩下一部分，为陆军增加更多的机动炮，或用于增加飞机。这样，拥有了强势的空军和陆军，敌人就很难在美国获得立足点。

对于民用航空、商业航空、军事航空的发展，我们需要保持远见。陆军和海军一开始就拥有附属航空兵，这就是毫无远见的，因为这些附属航空力量无法用于民用和商用。

关于飞机的预算问题，只要预算由陆军、海军或其他政府机构提出，航空兵就只能作为辅助性兵种，它所需要的预算，将由那些非航空专业人员决定，这就不可避免地走向了浪费和无效率。

同样重要的还有人员问题，目前我们已经拥有一支从事空中工作的人员，他们与陆上和海上工作的人不同，平时，空中勤务队的死亡人数占陆军死亡人数的50%，战时，飞行军官的伤亡比例很大，因此，我们需要一个与陆军和海军完全不同的训练、领导、预备和补充制度。

另外，我们还需要一个人主持航空工作，这个人统一负责全国的航空发展，他将拥有与陆军、海军代表同等的权力。以往，不论平时还是战时，陆军和海军总是在某些问题上争执不下，新代表的加入，可能会打破僵局。从根本上说，政府的所有国防力量都应该集中于一个部门之下，它将控制全国国防，这就可以精简机构，裁减行政费用，提高工作效率，而陆海空三军的任务也将彻底适合国家的需要。

世界强国正在解决上述问题，它们在改变自己的国家组织，以适应时代的进步。

英国组建的空军部[1]，其地位与陆军和海军相同，掌握了英国所有航空事务，中央空军、配属陆军和海军的航空兵，民用航空和商业航空，还掌管了航路、气象勤务机构、无线电控制站以及客机和货机的津贴。空军部长负责全国的防空，空军代表在帝国国防委员会中占有席位，具有与陆军和海军代表在委员会中的平等发言权。

很有可能出现这种情况：陆军和海军都将在空军司令官的指挥下保卫英伦诸岛，因为英伦诸岛一旦遭到攻击，各军种的最高利益将集中于空中。当战争发展到由陆军或海军起主要作用时，最高指挥部将把指挥权交给最有利的一个军种。在使用空军更有利的地区，这样的作战应交给空军负责。英国空军就曾控制伊拉克好几年。

英国空军相信航空兵的未来，他们具有远见，知道航空兵的职责。这与航空兵在陆军和海军管辖下由它们指示航空兵应该做什么不同。英国空军为陆军和海军做出了巨大贡献，例如，它直接影响了英国海军最新大型军舰的设计。这种军舰就是装甲航空母舰，舰上的火炮和飞机可以征服现有的任何水面舰艇。装甲航空母舰的出现，使战列舰成为过去时，就像无畏舰曾取代其他军舰一样。现在海军面对的问题是，研制新的军舰，使其与装甲航空母舰相匹敌，甚至超过它。

法国将主要精力放在航空发展上，它不再建造战列舰，而是建造潜艇和世界上最大的空军。法国设立了独立航空部，由它负

〔1〕1918年1月，英国成立了世界上第一支独立空军——空军部和皇家空军，由罗瑟米尔勋爵（1868—1940）出任首位空军部长，特伦查德勋爵（1873—1956）为皇家空军参谋长。

责航空事务，但空军的实际飞行仍由陆军统辖。法国的方法有一定进步，但并不能与英国的良好组织相比。

意大利正在组织一个类似英国的独立航空部；德国从1916年就拥有了独立的空军部队；丹麦正逐步减少陆军和海军，改由空军和警察来防卫；瑞典设立了一个空军部；日本也在努力地研究航空事务，虽然它还没有一个有效的组织；俄国拥有一个统一的国防部，其航空力量也在发展当中。

美国还在犹豫是否加强航空活动，但这个问题已经迫在眉睫，我们越来越需要航空力量。我国曾组织了来自民间的代表，陆军、海军、国防委员会的代表，以及航空工业领袖，由陆军部副部长带队的考察团，就此问题进行调查研究，并于1919年7月19日向陆军部部长报告。报告内容如下。

陆军部长阁下：

依照您的指示，美国航空代表团对法国、意大利和英国进行了访问，并与各国政府的部长、陆军、海军高级指挥官和主要的飞机制造商会晤。

代表团深入研究和调查各种组织、制造和研究单位。代表团全体成员得出以下意见：我们必须立即用实际行动来捍卫美国的航空利益，以确保战争期间[1]我们在航空事务上投入的巨资能发挥效能，并维持十分必要的工业。我们在战时建立的工业有九成被取消了，除非政府采取行动，否则剩下的也会消失。

我们将问题归纳为三个方面，即一般组织、商业发展、技术发展。简而言之，政府要制定某种固定的政策，拯救美国航空，

〔1〕即第一次世界大战。

使美国与欧洲强国处于平等地位。

我们建议，将美国陆军、海军和民用的航空活动集中起来，由一个为此目的而建立的政府机构领导，它将具有与陆军部、海军部、商业部同等重要的地位。我们可以称它为国家航空署。

为完成考察，代表团访问了英国、法国、意大利，并与相关负责人，尤其是那些最有经验的发展航空的人士，进行了会谈。

在法国，我们与协约国军总司令福熙元帅，法美事务部部长安德烈·塔迪厄，航空署主任杜瓦耳将军，议员、前航空工业部副部长雅克·杜梅西尔，军事委员会主席、现任重建部部长卢舍尔，议员、前航空部副部长达尼埃尔·樊尚，国会航空委员会主任、议员加斯东·米尼尔，民航部际委员会的德吉龙少校，进行了交流。

在英国，我们与下院议员、陆军国务大臣和空军国务大臣温斯顿·丘吉尔，英国陆军总司令、陆军元帅道格拉斯·海格爵士，英国皇家海军元帅戴维·贝蒂爵士，空军副国务秘书西利少将，皇家空军参谋长特伦查德少将，皇家空军供应与研究局局长埃林顿少将，皇家空军民航管制局局长赛克斯少将，空军部部长鲁滨孙爵士，目前在飞机制造公司供职的皇家空军少将布朗克尔爵士，进行了交流。

在意大利，我们与意大利驻巴黎航空兵主任格拉西，意大利外国航空调查团的查多尼上校，意大利海军航空兵主任奥尔西尼海军上校，技术局局长克罗科上校，航空国务秘书西尼奥尔·孔蒂，交流了经验。

在访问中，我们谈到了在战争中所犯的错误和取得的成就，也许再也没有人比克列孟梭更强烈或更直率地关注协约国航空的未来了，在他的两封信中，第一封信是致美国总统的，他强烈要求立即考虑航空问题并与和平会议联系起来；第二封信致法兰西共和国总统，他建议起草一个法令、建立一个独立的航空部。

这些问题关系国家问题，我们不仅要从军事角度，还要从民用、商业和经济的角度加以研究，因为空中力量将成为世界发展的决定因素。

第六章

空中力量对国际军备限制的影响

飞机和潜艇的威力急剧增加，为我们提供了新的军备限制机会。

从本质上看，这两种国防利器都是防御性的军事装备，与渡海和海外侵略的进攻性装备不同，它们将进一步导致国家经费的削减，例如，用建一艘战列舰的资金建造和维持1000多架飞机。

在平时，飞机既可用于民用和商业，也能用于军事。事实上，航空器的发展，如飞机制造厂、航路、飞行员、空勤人员等，都明显属于军事财富，却又能在平时取得收益，这比为战争维持一支空中力量更能节省军费开支。

潜艇的造价远远低于战列舰和巡洋舰，它却能攻击任何舰艇，它的攻击能力还在不断加强，而对敌方潜艇的最好防御方法就是利用自己的潜艇。

现代战争中，潜艇可能是控制海上交通线的主要工具，同时飞机也能控制其活动半径内的海上交通线。战列舰控制制海权的理论，已经过时了。

即使抛开各国民用航空与商业航空的竞争，只看国际上的军事航空竞赛，就能准确地判断现代化军事力量的构成和价值。作为军事力量主要构成部分的陆军和海军已经存在了几个世纪，它们的变化多在于工具和装备，很少涉及战略战术。

与空军相比，在一个维度上活动的陆军和海军的运动较为迟缓，它们人数众多，需要大量的装备，以及数量庞大、耗资甚巨的保养组织。

空中力量的出现，改变了这种情况，过去，只是陆军和海军相互发生关系，而现在陆军和海军都与空中力量形成了一种新的关系。即使敌方的陆军、海军都与我国的陆军、海军接触，它若不能掌握空中优势，也无法获胜。空中力量决定着国家的命运。未来，远离边境的地方的空战将具有决定性影响，如果一个国家在空战中失败，它就只能投降，我们不用指望着在陆上和水上进行决斗，因为无限制的空袭将彻底摧毁这个国家。

空军的职责是，在空中作战，突击地面和水上的目标，这些都不用陆军和海军参加。我已经说过，空中力量优于陆海军的特点在于，军用空中力量在和平时期也能产生效能，如航空测绘、邮政运输、森林防火巡逻、农业虫灾防治、农田测量、救生等。陆海军无法像空中力量那样用于经济事务。

从纯军事角度来看，唯一能够防御敌方对国土空袭和防止敌方从海上进攻海岸的主要防卫力量就是空中力量。地面防御无法阻止敌人在国土上空的袭击。在沿海，空中力量是防御敌人水面舰艇的主要力量，因为它能击沉或炸毁任何舰船。不过，它对潜艇的作用不大，所以，未来海军的海上作战将多由潜艇执行。

战列舰造价巨大、难以保养，难以抵御潜艇和飞机的攻击，它终将被淘汰。以战列舰来衡量海上势力的时代已经过去了，战列舰舰队再也无法控制海上交通线，这一任务将交由飞机和潜艇执行。潜艇的巨大威力，已被人们熟知。欧洲战争期间，德国在海上仅用30艘潜艇，就使得英伦诸岛濒临饥饿的边缘。德国以不超过1万人的潜艇部队，与近百万协约国部队、上亿美元的装备周旋。

上次战争中，德国用潜艇击沉了英国的“奥达休斯”号战列舰、“汉普郡”号巡洋舰、美国“圣迪戈”号巡洋舰，以及重创美国 “明尼苏达”号战列舰。这仅仅是潜艇作战的初始阶段，是人类有史以来第一次使用潜艇作战。现在，潜艇的发展很完善，并形成了多种水下攻击战术，如利用鱼雷、漂雷以及水面舰艇火炮攻击，这要比在欧洲战争中先进多了。潜艇续航能力强，甚至可以绕行地球一周。它最大的特点是隐蔽于水下，令飞机和水面舰艇对它束手无策。防御敌方潜艇的最好方法只能是利用自己的潜艇。

未来，当战争在两个隔海相对的强国间爆发时，所有通向敌方的海上通道都将由潜艇布满水雷，所有大洋都将被划成方块。每一个方块都将由潜艇负责巡逻。

当人们明白潜艇足以摧毁任何水面舰艇时，许多国家都将大力发展潜艇，因为潜艇更经济有效。不过，潜艇似乎是一种防御力量，不能像水面舰艇一样运送远征部队。目前水面舰艇的任务则是，运输军队，作为航空母舰运载飞机。由于航空母舰不能对付敌方的岸基航空兵，所以，它只能对付敌方水面舰只。

空中力量在进攻和防御中都起着决定性作用。

对与敌人隔海相望的岛国或大陆国家来说，敌人的陆军是很难入侵它的，水面海军也无法对这个国家造成多大的威胁，因为它的空军能摧毁任何接近该国海岸的敌军水面舰艇。它的潜艇能在沿海防卫，致使敌方无法用舰船运输远征军登陆。

未来的入侵，将由飞机作先锋。以往，人们认为，要入侵一个国家，必须打破它的防线，如果这个国家隔着海，就要突破它的海上防御线，以到达海岸并登陆，随后进入该国腹地。现在，这种局面已经不复存在。

无需突破陆军或海军的防线，飞机能直接飞过这些防线，攻击一个国家的心脏，并获得战争的胜利。

要夺取战争的胜利，必须摧毁敌国军队的一切后援，即制造厂、交通运输、粮食基地、军需工厂，以及人民进行日常生活的地方。这不仅将使军队得不到补给，还能使民众屈服。这类目的，飞机能在短时间内达到。

将来，一旦交战一方夺取了制空权，将不会再有牺牲百万生命的、长达几个月甚至几年的地面军队的战争。

目前许多作战装备已经过时，它们将被更经济有效的装备代替。许多国家还在使用上次大战的装备，以上次大战的方法指导战争，但胜利女神眷顾那些以现代化战法来使用武器装备的国家。

我们应该仔细考虑空中力量可能受军备限制的影响。当民众意识到国家军备中的各种武器毫无用处，并且充分了解其使用条件时，就将呼吁限制军备。

民众不愿面对危险，更不会放弃能保障其安全的国防计划。在经常与邻国发生战乱的国家，每个人都知道国防的基本原则是什么，他们愿意服兵役，他们也愿意献出金钱，以保卫自己的家园、自由以及政府。他们这样做，是因为世代的经验告诉他们，没有国防就无法维持安宁的生活。在一些很不容易遭入侵的国家，民众更愿意建立一支职业军队来保卫国家安全，他们对自己参与国防不感兴趣，因为他们认为战争的可能性很小。这些人完全依靠职业军人。一旦这类国家遭遇战争，国家所承受的损失将更大，巨大的人员伤亡、巨额的财政支出等。这是因为，常备军很保守，他们总是期望现有制度保持不变，他们仇视任何改变和进步。

这些人害怕改变，害怕取消已有组织和制度的任何部分，总是墨守成规，不思进取，毫无创新。国与国之间的竞争，除了直接武装冲突外，还包括许多其他东西。这类竞争通常是以商业竞争为起点，以不同方式竞赛，包括新财富、外交手段等。

武装部队不过是其他所有手段都失败后的最后一招，一个国家拥有武装部队，这被看成是国家惩罚性心理的标志。我们要精心考虑采用何种方式构建军队规模，分配军事力量，以加强国家的政策。

过去10年，国家内部组织和各国之间的关系发生了巨大的变化。公众对国家政策的影响力逐渐增大，这不同于过去全由统治阶级和贵族阶层决定。这种变化主要有两种因素造成：第一，普及的国民教育令广大民众能够读书写字，并互相交流思想，这将促使民众关心国家政策；第二，通信的发展，令世界交流更为方便，个人能更多地与知识分子交流。

老式的秘密外交已经难以进行了，因为一切战争准备在民众的眼下都无所遁形。

国家间的相互了解程度空前透彻，水路交通的发展，使民众之间的了解越发深刻；环球旅行设备，不仅加深国家之间的商业来往，也将东西半球之间的旅行更简单化。现在，没有一个地方是我们无法到达的。

过去10年，航空运输的出现，给各国之间的相互关系，增添了决定性的新因素。与老式的交通工具、轮船和铁路不同，新的交通工具，从空中沿着从一个地方到另一个地方的最直接最近的路线前进。例如，从纽约到中国北京，海路和陆路的路线是，越过美国大陆到达太平洋海岸，经夏威夷岛、日本和亚洲沿岸地区到北京，按此线路乘火车和轮船旅行需要4至5周时间。现在，我们乘飞机直接跨过北极，然后到北京，只要60~80个小时。飞机可以从北美到南美，跨越南极洲到澳大利亚和非洲，分别使纽约到澳大利亚的时间缩短到100小时，纽约到非洲的时间缩短到130~140小时。

寒冷反而对空中运输大有帮助，冻结的湖面和覆盖雪的地面易于飞机降落，寒冷导致水汽难以在空中凝结，因而避免了雾、云的形成。

安全舒适的飞机成为建立国际关系的一种新工具，目前这一点主要表现在军事方面，不久，其经济方面的作用将会更加显著。

任何国家只有在其他调节手段都失效后，才会利用武力手段将意志强加于敌人，空中力量将作为它首要的惩罚手段。空中力量已经从国境线内延伸到国境线外，它与过去的海岸线、河流、山脉构成的国境线不同，那是由陆军和海军为主的。现在，空军可以攻击任何有争端的地区，不管它是在海边还是在国家腹地。仅仅是空军就能在国家诉诸武力前，引起对方长期和仔细的考虑。

没有一个国家，愿意放弃国防组织，也没有任何一个国家愿意放弃通过民间的、商业的、军事的手段来维持国家制度和文明。随着现代海上舰船活动半径的增大，在外国海岸维持基地已经不如一个世纪前那么重要了。现在商船加一次油，就能绕地球航行一周，那些远离本土的、重兵把守的航海基地，不再像过去一样具有重要的战略意义。这些基地常常起威慑作用。一些国家可能会放弃一些远离国土且具有很小防御价值的军事设施，因为维持这些设施，需要投入大量的资金和兵力。

强国是不会放弃空军、陆军、潜艇部队的，除非它们找到了某些手段，而这些手段至今未能试验成功。

水面海军，尤其是战列舰和其他水面舰艇的重要性正在消失，它们只能用于渡海远征，防御价值越来越小，成了国防计划中花销最大的装备。

海军为永久地保持现有制度，尽力阻止削弱战列舰重要性的任何变化，故意轻视和贬低潜艇和空中力量的能力。他们竭力鼓吹水面海军的作用，阻止任何公开和自由讨论海军用途。舆论对公众的影响很大，因为民众是国防计划的决定者，他们通过立法机构表达自己的意见，这需要我们毫无保留地为他们提供实情。

到目前为止，陆军和海军的作战范围已经完全明确，他们可以组织和执行战争计划。如果空中力量无法在国防委员会中拥有与陆军、海军同等的发言权，它就无法为自己发声，就无法发挥与自己威力相当的影响。为此，不同国家都进行了相应的改变，成立了与陆军、海军平等的组织，并准备将国防力量交由一个总部领导，由它对国家全部军备负责。它将根据各军种的特点，分配相应的防卫任务，防止某一军种无节制地扩充，或者通过夸大宣传，误导民众强化其地位。

有三种讨论军备限制分配的方法：第一，分清哪些是在国防军备中无用和可取消的东西；第二，弄清哪些是保卫国家所需的纯防御性质而不必对海外目标进行攻击的东西；第三，找出一个最适合的平衡的组织，陆海空军均有代表，从而出台一个合理的、严格的国防总安排和国防经费的公告。

空中力量对陆军的影响不如它对海军的影响那样具有决定性，陆军仍和过去一样，职责是保卫国家的安宁，抵抗入侵的别国军队。在美国，因为情况特殊，如果我们拥有了足够的空军，就将很难看到陆军抵抗他国的陆军，因为敌国对我国的入侵，必须经过空中和海上，而我们拥有的强大空军，将有效地阻止敌国陆军的入侵。

陆军既不能对抗空中的空军，又无法对付水上的海军，但他们必须保卫空军和海军的活动基地。

大多数国家的民众，尤其是那些发生战争可能性很小的国家的民众，都忙于维持生计，很少花时间去了解国防情况。他们将国防事务交给陆军和海军这种职业团体，很少去了解它们如何安排国防，只是要求它们不要花钱太多或违背公众的意愿。这种漠不关心的态度，持续时间久了，总会导致陆军和海军裹足不前，如现代化装备发展迟缓，迟迟不采用最新技术，忽视改善教育条件，对启迪民众毫不关心。民众总是期望不采用战争手段去解决国际争端。这种心态，容易滋生一批官僚，而不是全心全意服务国家的公仆。

我认为，军备限制的第一步就是全面取消水面战列舰、航空母舰、海军基地和造船厂，以及许多耗资甚巨却毫无用处的地面岸防设施。为此，需要广泛地、公开地讨论，并说明事实。1921年，我们召开了军备限制会议，证明了飞机能击毁战列舰和其他水面舰艇，从这以后，空中力量已经有了长足的发展，它的影响正在增强，我们完全有理由展望军备限制的下一步措施。

未来，我们将建立一个永久性的国际委员会，任何关于军备限制的提议，一经该委员会讨论通过，将直接传达愿意为相互利益而对军备限制感兴趣的各国。各国没有彻底遵循该组织和其意见的义务，它的目的在于向民众解释国防计划的确切价值，以及财政支出在国际争端中的相对影响。然后，民众就能决定国家防御力量的配置。

自古以来，各国都在极力避免战争，用条约和惯例来解决争端，当发生严重争执时，交由国际法庭仲裁。这种方法，已经有了良好的基础，随着民众教育程度的提高，一些国家更加倾向于以和平的方式解决争端。现在，庞大的军备已经成为国际争端和摩擦的根源，从现阶段看，各国都愿意讨论军备限制计划。

为了实现军备限制，各强国之间需要一个切实的、诚实的协议。制定裁军协定的方法必须公开，参加协定的各国都要严格按照协定互相检查装备，避免不遵守协定的情况。这种军备限制无损一个国家的独立。军备限制必须具有实际的利益，能使全体民众了解透彻，否则，一切预防措施都将失败，而破坏协定可能导致更大的军备竞赛。

第七章

现代航空学一瞥

我们这些选择航空事业的人，天生就热爱航空事业。我们都明白，文明、交通、国防和所有事业的发展，都要依靠运输。运输不仅是陆地的问题，也不仅是水面、山脉和沙漠的问题，还是空气的问题，大气包围着地球。

我们爬到了4400英尺的高空，而且我们还将爬得更高。空中的运行路线是没有限制的，唯一的阻碍是载油量和发动机的性能。关于这两个问题，现在飞机的载油量正在与日俱增，发动机发生故障的概率越来越小。我可以肯定地说，加一次油，飞机能环球飞行。

众所周知，航空学是新近产生的科学。我们都知道，发动机的发展，令我们能征服天空，现在我们使用的是具有气缸、连杆、曲轴、凸轮轴以及多种齿轮机构的汽油发动机；未来，我们将拥有更好的动力装置，它更轻、更可靠，会进一步增强我们在空中活动的能力。

自莱特兄弟第一次成功飞行之后，战争为航空迅速发展提供了机会。在战争中，航空成为唯一的空中运输手段，它能够运载观察员，也能运载机关枪或者炸弹，所以，它很快就占据了重要的军事地位。

航空最先被用作运载观察员，他再将敌人活动的情报传回。之后，航空用于空中扫射。最后，它被用来投掷爆炸物。在战争期间，一条绝对的原则确立起来了，即如果你不能控制天空，就无法作战，你的地面部队就无法抗击拥有绝对制空权的敌人。事实上，如果一方在临近战争前失去了航空力量，对方军队一定能在短短数周内赢得战争，这是毋庸置疑的。

航空部问世以来，地面军队的行动能被敌方飞机侦察到，地面军队就无法在白天活动。没有航空兵配合的攻击，是无法顺利进行的。

欧洲战争是一场由地面力量决定胜负的战争。与地面作战有关的很多物资都要靠海上运输，但最后的决战是在陆上进行的。英国控制着海洋，即使它遭到了德国潜艇的攻击，也损失不少，但是它的海上霸权地位从未动摇。在这次战争中，航空兵得到了发展，在陆上和距作战基地短距离的范围内作战。那时，飞机平均距离机场大约60英里，航空兵的装备、训练和使用方法都是按这种特殊情况来考虑的。

经过不断发展，航空兵已经能在水面上作战。这时期，我们应用“水锤”原理作战，即利用水本身的动力作为冲击，这很快就达到了爆破弹的最大效力。如果我们将500磅TNT炸药投射到街道上，能造成一定程度的破坏，在此基础上再增加炸药量，破坏程度不会有太大差别，但是如果我们将炸药投入水中，就能获得完全不一样的效果，所获得的爆炸效果可能是常规爆炸效果的3倍。也就是说，这种巨大爆炸力能将船炸沉。

空中力量在海上和陆地上都得到了发展，但它在控制水域方面更强于控制陆地。

欧洲战争以来，美国从为国家运输和经济发展的目的出发来发展军事装备。1923年2月，笔者与指挥官克里斯蒂从底特律飞往加拿大的博登营，再从博登营骑马和乘雪橇前往火车站，后一段路程仅仅8公里，但这8公里所用的时间，与我们从底特律乘飞机飞行200英里到达博登营一样长。

曾经，一匹马在山间小道只能载1000磅，最多日行20英里，现在有了空运，可以毫不费力地运载1000磅货物日行400英里，甚至能达到1000英里。不考虑费用的话，我可以，在华盛顿吃早饭，到代顿吃午饭，同天晚上在芝加哥、底特律或密尔沃基吃晚饭。这没什么稀罕的。养一匹马一天需要一两美元，而一名旅客乘坐那些退役的飞机只需花60美分，我与克里斯蒂从底特律飞到博登营的费用，约合每英里1美元20美分。我们乘坐的飞机是军用飞机，马力很大，我和克里斯蒂可能只占了三四十马力。在空中，用100马力能运载超过一匹马在地面拉走的东西，而每天运行的距离大约是马的30倍。

如果求快，那么空运是货运的首要选择。可能你还在犹豫，因为你听说了飞行事故。即使在军事航空中，事故也常常发生，因为军事航空需要的是高速度和大运载能力。为了执行任务，我们需要不分昼夜地在任何天气条件下飞行，在任何不适合的地方降落。这是军事航空的通用原则。

商业航空就不一样了，我们能组织安全的空中航路，成立气象机构预报天气情况，建设好临时机场，运营记录、货运量、正点率、客流量，都比火车可观，这一切都有统计数据为证。

航空用于民用，有多种用途。例如，国土测绘。美国曾花了巨大资金进行了多年时间的测量，最后也只完成了国土的40%。现在，我们可以使用200架装有特殊装备的飞机，把每个点联结起来就可以测量整个国土，这种方法比其他方法更精确，而费用只需其1/10或1/5，所需要的时间不超过两年。

1919年，我们派遣了一个飞行中队执行巡逻工作，这支中队由15架飞机组成。农业部称，仅在1919年夏天，我们为其节约的钱超过了政府当年在航空上的投入。之后，航空被更广泛地应用于森林巡逻。

我们还曾为农业部进行了一些土壤测量工作，根据航拍相片中土壤呈现的颜色和一年之内不同时期植物的特性，就可得知需要什么肥料，最好种植什么作物。利用航空，我们还能查清作物的生长情况，以及排水系统、供水、虫害区域和许多其他影响农业的情况。它的这种测量，将成为农场竞赛的刺激因素。

我国虫灾频发，果树林尤其严重，为此，我们可以从空中喷洒农药，消灭害虫。

现在，我们正在研究空中货物运输的问题，我们举行了邮件运输和投递的会议。4年前，我们开辟了纽约至旧金山的航线，我们花了24小时，就完成了从美国东海岸到西海岸之间的航行。之后，我们开始进行机场建设工作，还建立了空中交通管制体系。

起初，我们只在白天使用飞机，后来，一部分公路装上了路灯以供飞机夜间飞行，现在全部航线都实现了照明装置，飞机很快就能以准确的时刻表飞行。午夜，邮件从纽约出发，早上5点在芝加哥投递，之后再飞往夏延，最后到达旧金山。

目前，我们很少在气温极低的地区飞行，不过，这些困难肯定是能克服的。穿越阿拉斯加和加拿大都已经取得了很大的进展。我们已经成功地在−60℃的条件下飞行了。

最大的问题其实是风暴和雾。通过实践，我们也已经了解到不少有关大气的新知识。飞机能不能克服这些障碍，关键在于有无气象勤务机构和飞机是否装备良好的导航仪表。另外，为了克服这种障碍，我们需要良好的无线电系统。没有无线电系统就不能完成任务。

在欧洲，强国组织空军的目的在于，它能在战时立即投入战斗。欧洲国与国之间边境线毫无屏障，这对发展空中交通非常有利。空中力量需要组织良好的空中航线，为了开辟此后的空中航线，各国都为航空公司提供津贴，有的国家津贴甚至高达该公司航线建设费用的一半。这种航线，无论是战时还是平时，都能使用。战时，商业航空能为空军提供熟练的飞行员和机场。商业竞争将促进航空科学的发展，这要比政府组织的研究快得多。因为这些原因，欧洲国家正竭力地鼓励建立民用航空和商业航空。

航路津贴的原则有以下两种。第一，如果某公司要开设一条某地至某地的航路，并能提供符合政府要求的装备，这些装备在国家紧急情况时可以用于军用，政府将承担一半置办装备的费用。

第二，如果飞机用于商业交通，政府按该公司雇用的飞行员数量、机务人员数量、载客量、货运量和运行速度给予一定的津贴。公司必须有5%的纯利润，如果公司实际盈利超过5%，政府从津贴中扣除超过数额。

我们对飞机的要求为，一方面，它能在战争爆发时就立即投入战斗。如果在欧洲开战，则应该在两周内集结地面部队于前线各地。需要动用火车、汽车运送军队到达作战地区，然后展开以便作战。另一方面，飞机可立即进攻。下一次战争，飞机的活动半径会扩大，它不用总在60英里内盘旋，它可以远离基地作战。

欧洲的空军和民间航空关系很紧密，他们能采取各种办法将民用空中力量立刻转化为进攻力量。

就连在北极也能建立航路，除了林场外，飞机可以在任何地方降落，水道、湖面和几乎每个地方都有可用的着陆场。

许多年前，我进入阿拉斯加，我在上育空[1]架设电报线。当时人们普遍认为，这项工作应该只能在夏天进行，因为冬天太冷了。结果，我在夏天取得的进展很小，驮着各种设备的牲口陷入没膝深的沼泽。到了冬天，冰雪覆盖，牲口运输设备就快多了。于是我们变成了冬天工作，最后成功地完成了任务。

我相信，北方冬季更适合运输。目前，汽油发动机只能在温暖条件下运作，但我认为，我们将来一定能解决这个难题，我们一定能使它适合在寒冷气候下工作。

从白令海峡到亚洲，只有短短52英里，在北美与亚洲之间的公海，冬天正好结冰。我们也能取道格陵兰岛前往欧洲。航空为地理知识的发展，起到十分重要的作用。飞机比其他交通工具便利，因为它能通过空中直线到达目的地。关键在于很好的组织——一两架飞机就能了事的想法是行不通的——我们需要事先组织好航线、通畅的无线电通信手段、可迫降的机场。事实上，我们已经沿着这个方向去做了，在冬季，我们出动飞行中队在雪地里建立机场并通过空运进行补给。一架运输机可以运输1.5吨重的货物，从基地到距离250英里外的作战部队间来回飞行，这只需要一天时间。如果活动半径更大，飞机的效率还会提高。

我要再说说飞艇。事实上，只有一个国家深入研究过它。

---

〔1〕在加拿大西北角，与阿拉斯加接壤。上育空即育空的北部地区，已深入北极圈内。

1792年，法国的一只气球随着革命军进入比利时。拿破仑在埃及也曾使用过气球。美国南北战争时期，气球也被用于作战。在欧洲大战之前，德国已经利用飞艇安全地运送了将近20万旅客。有统计数据表明，一艘大型飞艇能满载货物飞行500多英里，每英里的费用仅为3.5美分。

每当讨论飞艇使用的现实性时，总绕不开终点站的费用问题。纽约中央火车站连同其他设备费用约2亿美元；芝加哥湖滨站及其设备费用为6000万美元；华盛顿的小火车站及其设备费用为3000万美元。与这些车站相比，一个飞艇站的费用少多了。利用飞艇运输时，没有轨道保养和其他与铁路相关的花费。建造一个能容纳5艘飞艇使用的航空站，大约需要500万美元，5艘飞艇在纽约和芝加哥之间往返运行，运载人数与现在全部快车的运载量相当。

英国人在飞艇研制方面已经取得了很大进步，可以使飞机在飞艇上起飞降落，虽然他们从未有效地降落过，但他们已经完成了降落的所有试验。因为缺少经费，他们不得不中止探索。我们如果沿着他们的脚步继续前进，肯定能顺利地在飞艇上降落飞机。

氦气研究进度令人满意，通过使用氦气，一种更为有效、安全的运输工具诞生了。

现在，我们拥有两种发展得相当成熟的空中航行工具。一种是飞机，另一种是轻于空气的飞艇或其他航空器。飞机依靠自身的动力，发动机功率越大、体积越小，飞机的速度越快。飞艇需要一种轻于空气的介质。目前，这两种航空器都未达到最佳的状态，都还需完善。

至于第三种空中运输工具，就是我们所说的直升机，它完全依靠机械工具上升并能自己垂直上升和降落。我们已经经过了多年试验，解决了不少疑难问题。一种实用的直升机已经出现了，它可以垂直起飞，从一地飞往另一地。直升机与飞机不同，飞机需要一个相当大的着陆场，而直升机只需要很小一块区域就能着陆。无论从军事观点还是商业观点上看，直升机都大有可为。

最近还出现了一种滑翔机。它依靠上升气流来升高。我们正在研究上升气流方面的问题，以增强我们对大气的认识，并期待能造出更好的翼型。我们鼓励发展滑翔机，这对飞行员是一项很好的训练，花费不多但能对航空发展做出重大贡献。

我的问题的核心是，一个国家必须拥有一支用于防御的军事航空力量。一个没有空军的国家和一个拥有强大空军的国家对抗是毫无希望的。商业航空已经发展到乘飞机旅行的费用是乘火车或轮船的2倍。战争以来，航空费用减少了2/3。

一些地方采用空中运输更划算，可以算算，从北冰洋的马更些河口运输某种货物到有火车站的地方需要花费多少钱？途中损失多少？因运输速度慢使货物滞留一定时期的资金利息又是多少？例如，运输价值昂贵的皮毛，空运将比现有的运输工具可靠得多。

筹办商业航空之前，需要做好调查，以明确接下来需要完成哪些准备工作。程序应该是，先找货源，再找飞机。在你没有货物可运的时候，就想着在沙漠中建一条铁路是不是很愚蠢？这个道理看似简单，但过去有很多人都是这样做的。这也是商业航空为什么难以成功的原因之一。

我大声疾呼，政府需要做调查，然后明确地告知民众，什么东西更适合航空运输。例如，有些邮购商店不得不利用汽车、火车、轮船把东西送到顾客手中，可能用飞机运送会更经济。

懂得经营的人仔细研究以后，航空运输就能得到发展，事实上，航空的发展比现有的任何运输工具都快。数年之内，我们可以期望从美国经北极到欧洲、亚洲的航线，以及经南美洲和南极大陆到澳大利亚和非洲的航线。

第八章

空军人员队伍的建设

人和飞机必须很好地结合，作为整体活动，才能构成空中力量。选拔和训练飞行员以及维护人员是非常重要的问题。之后才是获得和分配飞机和空中所需的装备。

没有这些人员，既不能建立航空兵部队，也不能设计或生产适用于飞行的器材。如果让一个没有任何经验的人担任领导工作，他就对购买哪一类飞机、哪些器材一筹莫展。

起初，所有国家都把航空人员交由对航空了解甚少的人指挥，只是因为他们的军衔很高。这些人总是企图掩饰自己对航空的无知，而他们的周围则是一群比他们好不了多少的顾问。这些人只能严密地控制部下，其后果为：把没有价值的甚至是危险的飞机塞给飞行员，训练制度不完善，没有空军预备役军官制度，对未来战争的情况缺乏正确估计。空中力量的发展取决于专业化的航空人员，只有他们履行职责，才能打造一支真正的飞行队伍。

空军的天职在空中，而不在地面。没有经验或对空军不熟悉的人，是不可能知道空中力量应该是什么样子的，也不可能知道如何训练空中工作所需的人，或为飞行员设计出合适的装备。

阻碍空军发展的最大问题，是空军被置于陆军和海军的管辖之下，在空军的开始阶段，一些没有任何航空工作经验的陆、海军官，被置于空军高级领导岗位。这相当于把飞行员当作空中汽车司机，可是飞行人员是世界上前所未有的、最有组织的战斗人员。

飞机是运输工具，更是战斗单位。空军与敌方空军战斗，必须使用自己的战术，其战斗心理建立在个人活动之上，他得不到支援，也得不到指示，更没有地面上的督战队。空军的作战体系与地面军队不同，地面军队是用群体心理指挥人们战斗的。

那些旧式军官，为了掩饰自己对航空事务的无知，总是背离事实地以行政手段指挥空军，而行政命令不过是用来指导日常勤务的，对于实际作战毫无用处。最好的行政管理人员，应该是具有长期服役经验的老军士或老办事员，他们可以很轻易地找到，甚至可以从民间雇用。航空人员的要求不一样，它要求适合航空的个人，有自信心，能克服任何障碍，并精通专业。

虽然人们常说航空活动是年轻人的职业，但对于一个将航空作为一生事业的人来说，就不一样了。即使在地面部队里，将军也不用背着行囊像二十几岁那样徒步行军。

在陆军中，想要成为将军，必须经过各种锻炼，还要熟悉本军种的各种业务。空军军官的晋升也该如此，从飞行员做起，先学会驾驶飞机，随着级别和经验的增长指挥较大数目的飞机，最后，统领空军各部门的全部军队，包括维修部队。

空军上层军官所需要的成长时间长于陆军或海军。每个青年都具备陆军或海军经历，即使他们只在初级学校学习过，他们参加过战斗，积累了军事活动经验。不管是从父母还是学校那里，他们或多或少地熟悉陆战或海战。空军不一样，初步了解航空问题的第一批人才刚刚获得航空的经验，而且我们还没有关于空战和空军的历史记录。

地面部队总是忙于工作，但是他们实际上对在敌人或我们自己战线后面很远距离上发生的重大空中作战行动一无所知。空军的活动空间大得难以想象，飞行员可以在一日之内飞到2000公里外，以致整个国土都变成了前线，使其形成了一个面状的战线。飞机在空中的速度很快，是步兵行进速度的100倍。空军在三维空间战斗，可以从下向上和从上向下达到同一高度。管理空军各兵种是最复杂和困难的事情，仅是技术部门就要比海陆军复杂得多。维修人员必须通晓多达75种不同的专业知识才能进行飞机修理，使其保持可出勤的状态。

空战对飞行员精神素质的要求达到极点。飞行员单独作战，没有支援，他们明白任意一颗子弹穿过汽油箱，飞机就能变成一个火球，一个机翼断裂，飞机就将坠毁。他们深知，有无数的意外可能发生，而这将意味着失去生命。在地面受了伤或许还有救，但是在空中就不行了。航空人员需要心无旁骛地攻击，一心摧毁敌机。所以，不仔细选拔飞行员是不行的。

空军三大兵种：驱逐航空兵、轰炸航空兵、强击航空兵。接下来我要详细介绍这三大兵种。

驱逐航空兵配备单座飞机，每机只载有一名飞行员。这种飞机专门为追逐敌人而设计，迫使敌机进行战斗并将其摧毁。驱逐航空兵的要求是富有勇敢精神、足智多谋、冷静沉着和体力充沛。

控制天空要靠驱逐航空兵，它是空军的主要作战部队。驱逐航空兵的主要任务是，迎击敌方驱逐航空兵并将其歼灭，从而控制制空权。它相当于陆军的步兵。驱逐航空兵必须消灭敌方的驱逐航空兵，否则空军的其他行动都将失败。

轰炸航空兵投射弹药或投放化学药剂以打击或摧毁地面目标，他们所使用的是世界上前所未有的威力最大的武器。轰炸航空兵投射的炸弹现在已重达4000磅甚至更重。根据需要，我们还能造出更大的炸弹。如果航空兵能使用鱼雷艇上所携带的那种鱼雷，效果肯定要比从船上发射好得多。滑翔炸弹能从远距离击中目标。人们也可以使用航空鱼雷。航空鱼雷实际上就是一架有发动机的小飞机，没有驾驶员，以陀螺仪控制航向，由发射它的飞机制导。

未来，可以由一架飞机用无线电控制数架无人飞机对城市轰炸。和平时期，我们的试验方法是将自动操纵系统装在一架有人驾驶的飞机内，一旦发生任何问题，由飞行员来操纵飞机，以免损坏飞机。飞机上装有照相机，由投弹按钮控制快门，相片将炸弹命中点标示出来。

飞机无需飞越目标上空就可以轰炸。它可以对数英里外的一个城市造成巨大破坏，迫使市民疏散。它也可以使用各种可怕的化学炸弹，这将造成巨大恐慌。

欧洲战争以来，航空兵已经取得了非凡的进步，我们的瞄准设备非常先进，飞机已经可以从任何高度准确地大规模投弹。

曾经我们不得不低空飞行，因接近目标进行轰炸而损失巨大，这反而给敌方的驱逐航空兵提供了一个有利的攻击机会。当时，驱逐航空兵要保护轰炸航空兵，当他们投入交战时，必须驾驶大型轰炸机去对付敌方的驱逐航空兵。驱逐机速度快，而轰炸机无法像驱逐机那样快速机动，它们只能尽力靠拢，依靠机枪或机关炮的火力保护自己。于是，敌方就形成了这种战术，用两队驱逐机，一队吸引我方驱逐机离开轰炸机，另一队直接攻击我方的轰炸机。

在孔夫朗战役中，我们的一个司令部统辖了从来未有过的最大的空军部队，我们打算使用全部空军部队轰炸德国后方的集结中心，以阻止他们的运动和补给，迫使其驱逐航空兵转为防御，放弃对我方地面军队的攻击。1918年9月14日，美国的一个轰炸机中队，因为天气多云，能见度不高，未能如期与派遣去掩护它的驱逐航空兵会合，而继续按照计划进行轰炸。

这个中队共18架飞机，其中15架双座飞机，3架三座飞机。这3架三座飞机，每架飞机上装有6挺机枪，是当时欧洲前线火力最强的飞机，但无法像单座飞机那样迅速机动，它需要以强大的火力击退敌人的驱逐机，保护双座飞机能集中注意力投弹。

该中队采用V字队形，3架三座巨型机分别位于两翼和编队后边，当它们飞向目标时，遇到了12架德国驱逐机组成的巡逻队，德国巡逻队机编成“一”字队形，一架三座飞机被其击中坠毁。德军地面高炮攻击我方先头部队，而德国驱逐机攻击我方后队。高炮虽然无法击中我们的飞机，但却能为其驱逐机指明我方轰炸机的位置。此时，我们还得知，一批德国战机正从孔夫朗附近的马斯拉图尔机场升空。当我方投弹完毕返回我方战线时，又遇到了两个敌方中队。现在我方从三维空间遭到敌机攻击：从下方、上方和同一水平面攻击。

这次战斗前所未见，四处飞散的巨型轰炸机像一群被老鹰攻击的鹅一样，敌驱逐机从各个方向它们俯冲、射击，然后躲避大飞机的火力扫射，再重新占据攻击位置，继续俯冲、射击。有的飞机被击中，变成一团火焰，有的飞行员当场牺牲。我们的巨型飞机也难逃厄运，一架巨型飞机的发动机被击中，又被德国飞机围攻，刹那间就被击成了碎片。

随着时间的流逝，战斗变得越发可怕，越来越多的德国飞机加入战斗，没有驱逐机掩护的轰炸机，成为德国驱逐机的靶子。13号机、2号机、9号机、4号机被彻底击毁，飞行员和观察员都牺牲了。残存的几架飞机竭力返回了我方战线。18架飞机仅存5架，其中大部分机组人员负伤，飞机伤痕累累。

此次战斗为我们提供了一个航空人员勇于牺牲的范例，也为我们提供了教训。例如，飞行员没有装备降落伞，也没有能呼叫附近的伙伴来援助的无线电，这些东西在当时还未发明。今天，我们终于装备了降落伞和无线电。

我花费这么长的篇幅来讲述这次战斗，目的是说明空战人员所需的宝贵品质。在激烈的战役中，这样的战斗可能每天都会上演，如果能夺取制空权，那将是多么惊人的成就啊！这种成就与地面和水面上发生的情况大不一样，它是可以累积的。

强击航空兵专门接近地面，击毁铁路上的火车、汽车，海上或运河上的舰船、护航队等。强击航空兵从二三百英尺的高度发起攻击，并利用地形进行掩护。

空战人员的训练是一个长期的过程，而我们的飞行员损失又很大，这就需要经常补充飞行员。我们的飞行员很少负伤，大多是直接阵亡。在地面，人员死伤的比例大约是1∶10，伤者康复后，还有机会重返部队，但我们的飞行人员却再也没有机会重返战场了。

在欧洲大战的激烈空战中，一个现役中队通常一个月就要进行一次轮换，也就是说，有时候死、伤、失踪的概率极高。

美国是优良的飞行员摇篮。首先，我们有大量天生的飞行员苗子，他们大多是学校里的运动健将，热爱橄榄球、棒球等运动，具有良好的身体素质。体育训练使这些青年有集体和合作的意识，能主动支援同伴。只有少数国家能培养出这样的人。实际上，大约只有5个国家能够培养出适合空中战斗的人员，承受得住空中作战的损失。

一个国家的飞行员队伍，如果经不起严重的伤亡，那就永远不能形成一支空军部队，不管飞行员们平时做得如何好，比敌人高明多少。

选拔飞行员需要非常仔细，进行严格的体检，了解身体是否健康。另外，还需要测试待选人员的平衡感。最后，飞行员还需要良好的素质。身体健康的陆军人员，只有25%适合当航空兵。1923年西点军校毕业生中，只有27%的人适合进入航空部队，要知道这些毕业生进入西点军校时，是通过非常严格的挑选的。

通过选拔的青年，需要进入航空学校接受飞行和机械教育。他们首先要学习飞机的构成，飞机的运行原理，飞机的发动机和操纵系统。教官将带着他们日日在空中做感觉飞行，转弯，学习如何保持单飞和如何防止失速。失速意味着飞机没有足够的速度来支持它的飞行，这是空中最危险的事。我们都知道，飞行需要维持一定的速度才能在空中飞行，如果不能，飞机将下坠。这是对飞行员最大的考验，他必须在感觉失速来临的一刹那，及时向下推机头以获得支持飞机的足够速度。

其次，他们需要学习用小速度接近地面并着陆。这要求在距地面一定高度拉平飞机，使全部剩余速度在接地前消失。所谓拉平，即在正确的高度上把飞机拉成平飞，这也是青年飞行军官学习过程中的一个难点。

再其次，学习起飞。起飞要求机头稍低，以获得充足的速度，然后慢慢爬高。

关于这些训练，二三百英尺高度是一个非常关键的高度，在这个高度上只要稍微出错，就将造成无法弥补的后果，甚至死亡。在二三百英尺的高度犯错是没有办法纠正的，若在此高度上飞机失速，就无法推机头加速恢复正常飞行。在较高的高度上失速时，有经验的飞行员是可以安全地让飞机下降，获得速度后重新恢复正常飞行。

飞行员单独飞行之前，往往需要接受三四个月的训练。第一次单独飞行是飞行员职业生涯的一件大事，就是脱离了教官的指导后，他将完全独立地操纵飞机。这是一种全新的体验，他将驾驶着飞机在陌生的环境中飞行，真是激动人心！然后，他将进行越野飞行，使用地图并在陌生的地方降落。这需要飞行员熟悉各种着陆和起飞方法，他所面对的不仅是平坦的机场，有可能是森林、灌木丛、乱石密布的山坡、松软的沙滩、甚至沼泽。

他们还需要知道如何飞过雨区和暴风雪区，懂得如何在云层中保持航向，如何在夜间飞行。当他完成初级飞行训练后，他的记录将是下一阶段的参考——成为哪一种航空兵。

然后，他们将转入驱逐机学校、轰炸机学校、强击机学校之一。在这些学校中，他们将完成该种航空兵的学业。这包括，学习今后将使用的装备的详细情况，如何熟练地使用武器，如何编队飞行，掌握飞机维修的机械设备，在空中战斗时如何应对地面攻击或对地面攻击。经过约一年的训练，这些飞行员就可以编入正规的战斗序列，执行作战任务。不过，想要更精通飞行，他们还需要一年的时间，而很多飞行员永远无法达到这个水平。

我认为，一名合格的飞行军官至少需要两年的训练。教官可以在3个月内教会一人在空中勉强保持平衡地飞行，如果这个学生很聪明，再过几个月他就能掌握某种航空兵的技能，但想要他精通航空的每个诀窍，能在任何恶劣的环境下飞行，至少需要两年的时间。

依照过去战争原则所训练出来的飞行员，想要与现在的飞行专家对抗，简直就是在自寻死路。如果他驾驶着驱逐机，忽左忽右、转弯、爬高、俯冲，都能被飞行熟手抓住机会，一个训练不足的飞行员与一个精通的飞行专家战斗，是没有任何胜算的。

并非只有飞行员需要高度专业化训练，我们的机务人员也需要同等严格的训练。因为机务人员在保证飞机在空中正常飞行方面和飞行人员同样重要。航空机务人员是飞机、发动机机务的专业人员，他们所从事的工作包括：飞机的水平测量，航炮等军械，以及无线电、照相设备、高空用的氧气、航行仪表等设备的维护等。这些专业人员人数占空军总额的一半。

企图把陆军士兵或海员作为机务人员，只会危及飞行人员的性命。1919年，我从欧洲回国之后，第一次沿着国境访问了美国的航空部队。我惊讶地发现，我们的牛仔刚刚脱掉靴子就试图去保养“自由式”发动机，可以想象，这对这架飞机的飞行员意味着什么样的后果。

美国没有将航空兵作为独立于陆军、海军之外的空军军种。效力差的航空机务，令航空人员伤透脑筋，这直接威胁飞行员的生命，使他们对装备失去信心，从而无法顺利地完成他所承担的任务。

航空机务人员的待遇应该与民间机械专家相同，我们必须慎重地对待他们。看到这些专业人员，还要遵照地面军官的命令整天操练步兵队形，真是太令我沮丧了。他们是需要出早操以保持良好的体力为飞机服务，但他们本应该用在飞机上的时间，被进行所谓的地面军事教育和值勤占用，这将造成非常可怕的后果。

我们还需要适当的人员，从事伐木、提水、清洁飞机、警卫工作，还需要一些强壮的人来干一些重活。

每一架在前线服役的飞机，应该拥有3架后备机，一架在国内后方，一架在开赴前线的途中，一架在前线附近。在训练人员的基地，我们需要为前线的每个飞行员准备一架训练飞机和一架后备飞机。因此，保证一架飞机在前线，应另外增加5架。

为了保证一架飞机能在前线随时作战，我们该准备3个飞行员和2个飞行学员，一个随飞机在前线，一个在前线后面可立即补充的第一梯队，一个在赶往前线的途中，2个飞行学员在学校之中。

非空勤军官应该尽量由那些已经成为飞行员或观察员的人组成，唯一的例外是合格的工程师和专业技术人员，他们作为业务人员，并不参与指挥。当然，我们也不指望他们能管理军队，他们只在特殊的专业行使职权。所有的航行人员都应该成为军官，我们应该给士兵和机械员晋升的机会。

空军的地面人员中，机械专家的人数占一半，另外一半则是警卫和维护机场的人员。每一架在前线作战的飞机，需要有20个人为其服务，10个为机械人员，10个是非技术人员。这样看，空军似乎需要经常维持一支庞大的队伍以保障作战，但事实并非如此。这是因为，空军人员在担任民间职业的时候，也能保持高训练水平。汽车工厂的机械人员只需很少训练便能成为航空机械专家，制造业、冶金业和电报仪器与装备制造业的人员经过训练，也能精通航空工作。其实，让他们在和平时期从事民间工作，比陆军士兵和海员待在部队里要好得多，因为在部队，他们就要陷入老一套的勤务中，这将使他们失去能力和敏锐。为了保卫美国，我们需要2400架飞机，空军部队应该按照全国人口密度来决定分布方案。凡是5000人以上的居民城市，都需要适当的空军部队驻防。这些部队应该在城市附近驻扎，他们的装备需要储存在库，我们只需10%的人员值勤，其余所有人员都可以是预备役。

为了保卫国境和外围阵地，我们应该部署一定齐装满员的空军部队，一旦有任何情况，他们都能立即出动。飞机与城市中心的交通必须很方便，机场可以用于民用和商用，也能保持军用。联系机场的航路应该由一个政府机构负责管理。飞行员和观察员，每周将飞行一小时，每月飞行4小时，每年进行三四周的演习训练。当然，如果飞行员正从事民用航空或商业航空或其他种类的飞行，就可以不再进行演习训练。我们应该充分信任他们。

这种制度简单、经济、有效，能吸收大量有志青年加入空军部队，从事飞行员、观察员、机械师、地面人员等职务。如果按照陆军和海军的固有方法来管理空军部队是不行的，这将降低航空事业的发展效率。

除非依照上述意见，能制定组织空军的法律，否则，我国将不会有真正强大的空中力量。

第九章

飞机和设备

空中力量的第二个重要条件是，为飞行人员制造飞机和设备。它需要一种有效的方式，以保障设计、试验、检验和量产。关于空中国防的本质是，我们能否造出合适的飞机，执行国防任务。盲从他国，只会导致灾难，因为每个国家所需要解决的问题是不一样的。

对一个靠近大海的岛国而言，如果附近的大陆国家的人口中心和军事力量供应中心离这个岛国很远，但大陆国家的实际海岸又靠近岛国，则这个海岛国家的境地极为不利。大陆国家的空军部队能推进至海岸，在很短时间内进入岛国的领空，攻击其政治经济中心，而它自己的政治经济中心则距离岛国很远，可能需要数小时的飞行。

飞机的使用原则、飞机的特性及其战略运用，都要视国家自身情况而定。在上述例子中，岛国需要建设主要用于防御的驱逐航空兵，这是因为进行远程进攻需要一支大规模的空军，而这么大规模的空军仅靠一个岛国的力量是不可能建立起来的，在战时，岛国也无法保持其供应。空中力量与其对手的作战效力，与突击目标距离成反比。

驱逐机需要在本土上空作战，为了满足大的爬升力、灵活的机动能力和大量弹药供应的要求，飞机需要降低速度、缩小活动半径。相反，如果驱逐舰远离本土作战，则需要有强大的进攻能力和高速度与对手战斗，需要大的俯冲能力对地突击，并要有较大的载油量保持飞机远航。另外，还需要有一定数量的驱逐航空兵与企图从高空进行突破的敌机作战，这就需要一种特殊装置以确保发动机能在25000～35000英尺的高空维持功率。这种特殊装置就是增压器，增压器是一个由发动机废气驱动的涡轮。涡轮驱动一个空气泵压缩空气并将压缩空气输送到汽化器，从而使发动机能在很高的高度上仍能保持与海平面一样的氧气量。否则，发动机就会因高空空气稀薄，从而使汽油得不到足够的氧气与之混合而无法保持功率。为保持发动机的功率，就采用人工方法供氧。同时，在这些高度上，我们的飞行员和观察员以及其他机组人员也需要人工供氧。这只是飞机根据特殊需求制造的一个例子。

为了胜过对手，我们在设计飞机时，需要不断地改进并尽可能地了解对手的装备。一个国家一旦落后，就难以再有超过对手的机会，没有领先的知识和能力，是完全不可能赶超对手的。

飞机的发展通常依照下述方针：第一，现役部队所使用的飞机一定是国内最先进的，比任何飞机都要好；第二，工厂中正在制造的飞机，要比现役部队正在使用的飞机好；第三，正在设计和试验的飞机，要比前两种飞机更好。一种飞机正在使用；一种飞机正在制造；一种飞机正在绘图板上等待试制，这是世界所有强国所采用的发展飞机的方法。

这种体系是经过多年的经验总结出来的，而不是一时冲动所制定的。如果不采取一个连续政策制造飞机，空军就无法拥有先进的装备，也无法保持领先地位。

现在，我们需要三种不同类型的驱逐机。第一种，用于保卫大的政治经济中心，如纽约市、匹兹堡钢铁区、巴拿马运河区以及类似地区。这类飞机必须具备快速爬升的能力，高机动能力，大载弹量，为此，它可以适当降低速度、缩短续航时间。

第二种是进攻性航空兵使用的轰炸机，它的设计需要满足远离国土攻击海上任何舰船的要求，必要的时候，这些飞机需要能飞抵亚洲或欧洲。我们应该拥有巡航航程达800英里的飞机，其油量有一半应装载在可投弃的副油箱里，以便战斗时可以丢掉副油箱，减轻飞机重量，提高速度和增强机动能力。副油箱上可以装备引爆装置，使它被投下后能产生燃烧弹的效用。

这种飞机需要具有200英里的时速、数挺机关枪，能够攻击距海岸线300英里以内的舰船和敌机，它横贯大陆飞行时中途仅需停留三四站。有一支这类航空兵驱逐部队就能掩护芝加哥、班戈、缅因三角地区，三四小时即能从新泽西州北部的一个中心点飞抵切萨皮克湾。上述三角地区是美国的战略心脏。另外，20%的驱逐机需要具有良好高空作战性能，可上升至40000英尺，它可以在任何需要的时候掩护轰炸机执行任务。

轰炸机至少需要携带2枚炸弹，以炸伤、炸毁和炸沉海上最大的战列舰，理由是，飞机第一次投弹可能不会命中，需要修正瞄准再进行第二次投弹。这就增大了命中率，因为经过修正瞄准的第二次投弹命中率要比第一次大许多倍。当前，我们的轰炸机必须能携带2枚2000磅炸弹或一枚4000磅的炸弹。轰炸机必须装有增压器，以便飞机可以在从地面直至35000英尺的高度上任意活动。

用副油箱代替炸弹，飞机的航程可以增加1倍，不带副油箱它能飞行800英里，带副油箱它能飞行1600英里，甚至2000英里。通过这种方法可以增大飞机的载油量，轰炸机可以降落并给伴随飞行的驱逐机补给燃料，扩大驱逐机的活动半径。

如果把轰炸机当作运输机使用，它就能携带上吨的储备弹药、食物、零件、机械设备或其他需要的东西。也就是说，这样的一支空军能在很远的距离维持自身的交通和补给。1921年秋，西弗吉尼亚发生骚乱，联邦军队被派往那个地区，我所在的航空旅的两个中队奉命前往西弗吉尼亚的查尔斯顿值勤。这里位于阿勒格尼山脉中部，交通不便，很难前往。接到命令4个小时之后，空军部队就出发了。这些飞机曾在海上炸沉战列舰。各中队由双座德哈维兰公司飞机组成，马丁轰炸机作为中队的运输机，运载了医疗、食物、设备、炸弹、弹药和零件。从那以后，我们的空军部队在各种条件下自我提供补给，包括冬天在北密歇根的冰雪中工作也是如此。

轰炸机与驱逐机的比例，应保持1：2，其中我已经强调过，20%的驱逐机要具有高空性能。如果我国拥有数个由200架驱逐机和100架轰炸机构成的、装备良好的空军部队，我们就不担心来自空中或水上的入侵了。

第三类飞机就是强击型驱逐机。它是在欧战中与地面部队协同作战发展起来的。这种飞机与空中力量的发展有一定冲突，因为空中力量应该用于攻击敌人后方政治经济地区，或者攻击敌方的工业区、铁路或货运吞吐区等地。这些是航空兵最能发挥作用的地方。航空兵能够瓦解没有装备飞机或飞机装备很差的敌人的斗志，制服野蛮部落和组织涣散的军队。

这种强击机的建设需要考虑其目的和用途。强击机需要800英里的航程，为了保障对地作战的能力，它需要装备4～6挺机枪。

强击机一般是由100架组成一个大队，根据敌方空军的实力，派遣驱逐机掩护。当强击机在海岸、国境线或某些需要扫荡的地方活动，也需要防御型驱逐机来掩护。强击航空兵之所以需要防御型驱逐机来掩护，是因为强击机执行任务时要反复攻击目标。例如，当强击机大队攻击地面汽车运输队时，它们需要在进入公路的山口、某种隘路、两边有水的堤道或其他车队不能脱离的地方，攻击前部和尾部汽车，使它们起火堵塞道路，然后继续攻击其他汽车，直到全部摧毁车队。这时，驱逐航空兵应在该地上空盘旋，防止敌方驱逐机俯冲下来攻击强击机。这种攻击方法也适用于攻击行军纵队、火车、船只等目标。防御型驱逐机和强击机的比例，为2：1。

我们所建造的飞机都应该是全金属结构的，以便于储存，可在任何天气下露天停放。将来，我们不可能建造很多机库来保护飞机不受天气影响。飞机需要不论四季地、不论天热或天冷地使用。如果我们能正确地沿着这个指导方向发展，这些目的是不难达到的。飞机应该具有在陆地、雪地、水上着陆的设备，它们可以昼夜飞行，也能在云间和风暴中飞行。

人们常说，建造一架飞机的时间不少于建造一艘战列舰的时间。确实如此，一架飞机从构思设计到量产交付部队使用，需要好几年的时间。

首先，我们需要确定飞机需要什么性能，它需要多快的速度，多高的高度，多大的载重能力，多远的航程，是在水上还是陆上着陆，等等。这些要求有的能得到满足，有的只能采取折中的办法。

之后，我们将要在风洞中试验飞机模型，测试空气对这种飞机的影响。风洞是一个小管道，其直径为几英尺，洞内的风是以人工的方式产生，风速设计与飞机在空气中运动的速度相当。测试时，飞机模型被吊挂在精密天平上，由天平显示出风对飞机模型产生的各种压力。如今，我们的测试手段变得更精确，以致第一架样机一造出来，它就能正常飞行。当然，我们仍需要做进一步的试飞和改进工作。

当飞机的空气动力性能在风洞中验证后，接下来就将制造飞机的全尺寸实体模型了。这架飞机由电线和木头制造，它与实物尺寸相同。而且，我们将在飞机里各个适当的位置上安装飞机应有的全部仪表、操纵系统和附件。这种实体模型是将来实际飞机仿照的模型。

接下来，我们将制作“生产图纸”。这是一项非常复杂的工作，因为每架飞机有上千个零部件，每个零部件都需要准确地绘制，以便每个零部件能制造出来。如果每架飞机都是手工制造，其费用将令人无法承担，而且制造时间也会非常长，甚至有可能它还没制造出来，就已经过时了，而且手工制造的零部件也无法互换使用。

如果我们将飞机制造工作交由一些工厂承担，提供准确的图纸给他们，则我们每天能得到300～400架飞机。已经得到订单的制造工厂，需要事先生产几架飞机，将它们交给部队和技术部门进行全面试验，由其决定工厂所生产的飞机是否坚固，是否能满足各种飞行要求，并做最后的修改。当然，这就需要对原图纸做进一步的改进。修改后影响很大，修改次数过多，将延长飞机的交付日期，并大幅度提高制造成本。这对那些已经准备好模具和设备的厂家来说，是非常不利的，因此，政府部门在订货前，所制订的技术规范、图纸和要求必须非常准确，使厂方能够按照规定制造。

我们的政府已经用尽方法以获得适合的航空装备。航空发展初期，我们还没有多少人员从事这项工作，当时，因为还没有民用航空，从事这项工作的人都是无利可图的。所有的飞机订单都来自于政府，而且所有的飞机都用于军事。这就逐渐导致了政府对飞机的垄断，政府自己负责研制工作，接管所有的飞机设计工作。这种制度限制了民间力量，政府所建立的飞机工厂形成了垄断，增加了飞机的成本，极大地阻碍了飞机的进步。

现在，先进的航空国家已经制定了一套相当明确的飞机订购制度。空军作战部门，根据实际需求提出需要什么类型的飞机，然后由工程部门或技术部门把空军作战部门的要求翻译成航空工程师能理解的技术语言，接下来由工程师提出数据。生产图纸完成后，决定生产飞机的厂家就展开竞争。不是所有的工厂都能生产合适的飞机，那些专门从事飞机制造的厂家更具有优势。这时，我们需要一张有能力制造出好飞机的工厂名单。

政府仔细核算成本，并选择工厂。任何想要制造飞机的工厂，只要达到了标准，就可以被列入候选名单。这种制度是了防止不具备生产能力厂商挤进来。我们要阻止以次充好的飞机，如果将政治手段塞进了采购程序，那就会出现毫无用处的飞机，这将危及飞行员的性命。

现在，我们已经有了制造飞机的最好方法。首先，空军工程部门将飞行员的要求翻译成工程师能理解的语言，并由他们提出自己的建议。在这阶段，我们还需要试验材料的强度和进行飞机性能试飞。之后，生产组织部门严格按照制度将订单分配给飞机制造厂，该部门要按照工程部门的要求检查飞机每一个零部件。最后，生产好的新飞机在航空供应站集中，在这里保持随时交付部队使用的状态。

飞机生产不应以政府为基础，这样的结果就是，价高质次，甚至形成政治控制，以政府为基础远远不如私营工厂承包。

空军的供应系统应该由三大部门组成。首先是，国内的主要供应站，集中了所有工厂制造的散件器材并准备好向部队发送。它负责发送所有各类装备，飞机、枪炮、信号设备、无线电装备、照相机、各类仪表、汽车运输和所有附件的单位。

每个供应站分为三个主要部门：第一是供应部，负责发送所有器材；第二是修理部，负责对需要更新或替换的任何装备进行修理；第三是废旧物资利用部，负责回收或拆件运送到供应站的破烂和受损的飞机和器材，取下能重新使用的有用部件，将其余的挑出来出售或进行其他处理，废旧部件利用能节约大量金钱。

主要供应站通常需要备有一年的装备，以备可能出现的紧急任务之需，因为一旦发生战争，我们组织生产并供应给军队，需要很长的时间。

第二个是，航空供应基地。在靠近部队的地方需要设立一个供应机构，随时移动并能自主地为部队供应物资。这种供应站在欧洲战争时期，我们称它为航空供应基地。它可以为部队提供飞机，当战争发生时，航空供应基地能提供飞机替换部队所使用的飞机。此外，航空供应基地还需要备有两个星期的燃油、弹药、附件的供应量。航空供应基地和供应站一样，由供应、修理和废旧物资利用三个部分组成。

最后的供应部门是飞机维修厂，它直接为某个空军部队维修飞机。这些维修厂应该常备3天的物资供应量。维修人员修理飞机就像汽车司机用车上的工具修理汽车那样。飞机维修厂也分为供应、修理和废旧物资利用三个部分。每个飞机维修厂直接负责配属的作战单位的全部供应。

为了提高工作效率，飞机的型号应该尽可能地少，欧洲停战时，我们在前线有11种不同型号的飞机，大约一半已经停产。如果在战争开始时，我们能按照实际需要组建供应体系，那么供应部门的人数和运输飞机和汽车零备件所需的人数都会减少一半多。

飞机需要零件以替换，几乎每次飞行之后，都需要更换零件。不论何时，一架飞机出动，就需要供应必需数量的零备件，以保证它能完成飞行任务。不然，我们就只能拆掉一架飞机为这架需要更换零备件的飞机提供零件。

创新和试验工作必须进行，我们必须跟上航空强国的步伐。我们还需要远见卓识，至少要看到7年之后的战争需要什么样的飞机。

如果在战争开始时没有充足的飞机，我们就永远不能获得制空权，整个国家都将遭到空袭，制造飞机和人员训练的工作将全部陷入停顿。那时，我们只能将没有经验的人员和质量次等的飞机送去与训练有素的、设备先进的敌人战斗。

如果在上次欧洲大战中我们没能得到欧洲最好的装备，我们的空中力量发展就毫无希望，因为我们已经不能发展名副其实的空中力量。不要奢望我们拥有比他国更快、更多、更便宜的制造飞机的能力，我们就可以等到战争开始后才去制造飞机。这是完全不可取的错误政策。如果我们没有制定为空军提供大量的、高质量的现代化飞机的制度，我们就不能在世界大国之间采取任何独立的行动，我们就会像上次战争一样受制于人。

第十章

防空作战

欧洲大战证明，想要有效地防御敌人的空袭，只有在空战中击败敌人的空军部队。换句话说，就是要抓住主动权，迫使敌方在其领土转入防御，袭击敌方最主要的阵地，威胁其在机场的、机库的、工厂的飞机，迫使敌机升空进行防御。如果在自己的领土上，等着敌人来进攻，那么战争还没开始，我们就已经失败了。

在蒂耶里堡战役中，当我们的空军部队第一次到达前线不久，德国就已经完全掌握了制空权。他们集中大量航空兵击溃了配属法国第6集团军的空军部队，并且迅速地占领了法国机场、俘获了尚在机场的飞机。

1918年6月28日，我们从图勒地区前去支援正坚守马恩河一线的法国第6集团军。当夜，我们到达了目的地。在法国人的指挥下，我们沿战线执行拦阻巡逻任务。这样的任务，每次需要五六架飞机编成小队，沿着大约10英里长的战线来回巡逻，以阻止任何一架敌机闯入我方阵地。法国人部署了若干个巡逻区，想以此封锁整个作战正面。如果德军只有一两架飞机，这种方法可能有效，但德国人集中他们的航空兵力，以压倒性的数量优势，突然攻击我方巡逻队，并将其击溃了。短短几天，我们承受了惊人的损失，我们牺牲了大量的精英，如昆廷、罗斯福、阿伦·温斯洛等人。

在巨大的损失下，我们勇敢的飞行员飞越德军阵地，从拉费泰苏茹瓦尔，越过费尔昂塔德努瓦到达苏瓦松，穿越了整个德国。我们发现了德军在费尔昂塔德努瓦的供应中心。在这个供应中心，放满了弹药、机关枪、加农炮、燃料、汽油和润滑油、运输车、浮舟，以及一支集团军装备的所有东西。

这让我们欣喜若狂，因为我们只要投下几枚炸弹就能彻底摧毁这个供应中心，给对方造成巨大的损失，甚至致使其无法正常作战。我请求航空兵支援，这时候，我们自己一架轰炸机都没有了。法国航空兵师无法来援助我们，因为他们正在竭力掩护受到德国强大攻击威胁的法国第4集团军的战线。我们转而请求英国派来空军旅，这个旅由3个双座德哈维兰公司制造的9型轰炸机中队和2个驱逐机中队组成。2个驱逐机中队到达时斗志旺盛并准备随时出动。

第二天，协约国空军部队在拂晓开始空袭费尔昂塔德努瓦，我们美军的4个中队，英军的2个中队，从三个不同方向前往费尔昂塔德努瓦。大约36架英国轰炸机从500～1000公尺的高度发动袭击。它们击中了几个弹药堆，引发德国人的恐慌。德国驱逐航空兵立刻出击，集中防御费尔昂塔德努瓦，他们当天击落12架英国轰炸机，而我们也以沉重的代价击落了很多德国飞机。战火已经转入德国领土上空，德军不得不停止进攻，转而防御费尔昂塔德努瓦。他们无法突入我们的防线，因为这样他们防御费尔昂塔德努瓦的力量就会削弱。尽管德军的飞机数量多于我方，但我们找到了德军的弱点掌握了主动权，迫使其处于防御地位。

如果德军能在我们后方找到一个费尔昂塔德努瓦那样的地

方，他们也会以同样的方法来对付我们。但我方的军队是通过多路汇集，而德军是以费尔昂塔德努瓦为中心辐射的。

如果无法或者难以取得主动权，唯一的应付方法就是在地面使用高射机枪、高射炮，配合驱逐航空兵行动。想要在地面用火炮将飞机从空中击落几乎不可能，飞机总是以云层、阳光或暗夜为掩护。一旦我们在空中击败敌机，就没什么能阻止我们继续战斗了。

首先，我们需要发现敌机。云层、夜色、风暴、阳光，都影响侦察活动。现在我们采用的大型螺旋桨使螺旋桨噪音变小，发动机声音也减小到和汽车发动机一样，所以敌人要想听到飞机是越来越难了。在欧洲战争时，小型螺旋桨在空气中旋转能产生不小的噪音，地面声测系统能很轻易地侦察到飞机的位置，现在就不一样了。

真正的空袭开始前，往往需要进行许多佯动。飞机从不同方向出发，吸引敌人的驱逐航空兵的注意，还能使防御者消耗大量高射炮弹。夜间的佯动，能严重损耗敌军炮手的精力。地面防空体系——声音探测器、探照灯、高射炮都无法抵御巧妙的空袭，也无法对飞机产生严重的影响。

除了高射炮，欧战还在要地周围采用了气球拦阻网，在飞机可能飞过的地方形成障碍。气球拦阻网的用途在于切断机翼，碰坏螺旋桨或者使飞机坠落。但是，飞机能发现这些气球并将其击落。我就从未见过有这种气球拦阻网产生多大的用处。

现代战争中，轰炸机可以运载航空鱼雷和滑翔炸弹，以便于击中远距离的大目标。滑翔炸弹以地心引力作为其推进力，它每下降1000英尺，就能前进1英里。飞机在10000英尺高度上投下一枚这种炸弹，它就能前进10英里。陀螺仪或无线电控制引导它们飞向目标。航空鱼雷也能用无线电控制引导，但它的飞行距离要按照其载油量大小来决定。

战争时期，我们的导航手段很原始，不得不在夜间沿着海岸、公路、河流来寻找目标。敌人针对这一特点，沿线部署监听站，设置气球拦阻网、探照灯、高射炮和高射机枪。加之，那个时期我们的重型轰炸机飞行高度不高，噪音也很大，很容易被敌人发现。现在，我们有了更先进的导航手段，不论是用无线电定位仪，还是其他能显示飞机在该航向上已飞了多远的仪器，都能精确地估计飞机位置，无需再像以前那样去寻找目标了。

如果不按照战争经验而深思熟虑得出的方针，只是采用一套地面防空系统单独对付飞机是白费力气的。地面军队对空中力量完全不了解，他们总是想当然地认为，高射炮能够防御空袭。这简直在罔顾事实。公开宣传这种说法的危害是巨大的，这样会使人民认为他们只要有高射炮就安全了，而这根本就是不安全。同样，想用高射炮防卫海上舰艇，要比在陆地上用高射炮保卫要地更难，因为船是活动的。

真正能使敌机远离目标的方法，除了远距离袭击敌空军部队外，最好的方法就是：100架左右的飞机编成编队，在15000英尺高度上以100～135英里的时速飞行，在到达目标之前，编队保持密集队形，以便队长能指挥每架飞机，并进行集中突击，然后编队返回原机场重新快速加油、挂弹，连续突击。如果敌机不具备远距离外突击的能力，就只能飞往城市上空与我方飞机交战。

我方的驱逐航空兵需要在接到命令20分钟内升空，并爬高到15000英尺。它们要在敌机编队到达之前上升到这一高度，以便做好集中攻击敌机的准备。这就需要我们至少在100英里外就发现敌机编队，以便我方有充分的时间了解敌方的实力、部署、数量、可能的目标，并制定正确的应对措施。为此，我们需要在被保卫的目标四周部署陆上和空中观察站、监听站。

仅仅依靠监听站是不够的，科技进步很快，飞机的噪音越来越小，我们必须经常在空中不断地保持监视行动，才能及时发现敌机的行踪。

1918年10月下旬至11月上旬，我们防御阿戈讷地区，为了抗击德国轰炸航空兵的夜袭，我们沿着战线布置了监听站。这些监听任务由陆军执行，有线和无线电与监听站后方的第二梯队——高炮阵地连通。高炮阵地之后则是探照灯阵地，探照灯后则有驱逐航空兵不断地巡逻，每架飞机负责巡逻5～6英里前线地段。夜间，我们的飞机将上升到10000英尺的高度，关闭发动机滑翔，寻找信号灯所报告的敌机的位置，以及高射炮发射点，它们也承担一定的警戒任务。当敌机接近我们的前线，监听站发出报告，高射炮开始拦阻射击，探照灯光在天空交织出一个光网。

敌机进入探照灯区，所有的探照灯光都指向敌机，我方驱逐机根据高射炮弹和探照灯的指示冲向敌轰炸机，开足马力向它俯冲，以图将其击落。第一个晚上，我们就在这里进行了5次战斗，把敌机驱逐回去。这时，德军的轰炸航空兵已经很弱了，我们每天夜里都能袭击他们的机场，使他们不能在同一个机场上连续停留两个晚上，必须不停地转移。因为怕被袭击，他们不停地转移，以至于他们发生坠毁事故的概率增大，战损率同步提高，指挥体系被削弱了。事实上，停战之后，在阿戈讷地区向我们投降的飞机中，只剩下8架德国轰炸机还可以使用。

沿海城市的防御必须延伸到海上，可在潜艇、水面军舰或轻型船只上设置水上监听站和观察哨。

我总结出关于一个地区的完整防御的几条建议，分列如下。

第一，有一个监听站和报告站所围成的圈，至少要延伸到防御区以外150英里，并且要以航空观察站和监视飞机加以补充。

第二，应该有一个驱逐航空兵编队，其使用的机型必须爬升快、易于机动。

第三，应该组建成组的探照灯网，每组40～50盏探照灯。在欧洲，我总是用30盏灯组成一组，其中20盏的位置是固定的，以照亮该区域的天空，其余10盏是活动探照灯，用于发现敌机并跟踪它们。固定照明区通常可能是最危险的地方。当敌机进入防御区时，这些固定探照灯一开一闭，而活动探照灯则搜索敌机并力求跟踪它们。

第四，部署高射机枪和高射炮，将它们置于统一的控制之下，由航空指挥官或该地的防空负责人指挥。这名指挥人员有一个巨大的指挥板，上面显示出防空地区各部分的细节，整个地区按飞机飞行5分钟的地面距离画出方格来。我们还要为地图板下面装上电灯，以便在控制板上显示敌机的飞行方向、速度、数量和机型等信息。

防空系统需要有独立的专用电话、电报、无线电和急件传递系统，以便于与所属各部沟通，以便互相传递消息。空中通信系统非常重要，如果它失去功效，就将造成极为严重的后果。因为飞机的飞行速度非常快，任何延误都将导致空中作战的失败。通过空中通信系统，地区防空的每个兵种都能发挥作用，并与其他部门协同作战。

建立空中通信系统，是极为复杂、昂贵和困难的，但我们不得不坚持，在欧洲战争中，它已经显示出了自己的作用，它是唯一可以用于防止空袭的方法。在相当高度上，飞机是可以躲开驱逐机的攻击的，而且地面上的机关枪、加农炮或者其他任何地面发射的武器，都难以击中飞机，因为高射火力的效力差。因此，那些仅靠地面高射枪炮或其他办法就能防卫任何地区的想法，是绝对错误的。

在欧洲战争中，我们的飞机极少是被高射炮击落的。这是因为，向空中射击没有任何基准点，诸如树林或教堂的尖顶、公路交叉口或小山可以修正火力点。野战炮兵要费尽九牛二虎之力才能击中距离五六千码外的小型目标，这还是在有机会测距和修正火力的情况下。要击中空中的飞机，即使在天气晴朗的情况下，也很难达到。即使已经知道飞机的高度，也未必能行，因为高射炮弹的引信要定得十分精确，引信的定时只有几分之一秒，若有一点小变化，炮弹就会偏出几百英尺。实际上，飞机的距离与速度是炮兵难以知道的，即使这些因素能被精确地测量出来，炮兵也需要在瞬间完成调定炮弹引信的时间、炮的摆动与瞄准，这在如此短的时间内是很难完成的。

高炮射手将希望寄托在重要地区周围进行弹幕拦阻射击，用炮弹把天空布满，这样没有一架飞机能够飞过弹幕而不被炮弹击中。实际上，这也是不可能的。因为这需要消耗大量的炮弹，如此巨大的代价是不值得的。

战争中，我们派遣侦察机飞临敌方阵地上空，诱使敌人开火，天空中充满炮弹，炮手们疲惫不堪。等到第二天清晨，我们再前去空袭，总是能获得很不错的战果。

过去一年，我听到了很多言论，这些言论称，高射炮正在改进，它的威力已经和欧战时期大不相同了。我承认高射炮有进步，但它的进步与飞机在速度、爬高能力、减少噪音和隐蔽自己等方面的进步相比，是微不足道的。飞机可以直接攻击高射炮阵地，使其火力失效，飞机可以采取的攻击方式很多，如机枪扫射、用滑翔炸弹、直接投弹方法等方法，炸毁高射炮阵地。

高射炮的平均造价为2万～3万美元，它每分钟能发射20发炮弹，每发炮弹造价为20～30美元，每发射500～2000发炮弹，就需要对其进行检修。

如果一个地区采取防御态势，防空部队就要像海岸炮一样固定在一个地方，由一个能干的、果敢的指挥官统一指挥，由他来组织防止空袭，这时候就可以采用我的这个方法：佯动迷惑敌人，在真正目的地发起主攻。

唯一防御敌机空袭的方法，就是尽可能地远离自己的地方打击敌机，绝对不要采用从地面上用机关枪和高射炮防御国土。

第十一章

结论

空中力量的发展促使我们重新制订国防计划。

空中通信的可靠性、快速性，使我们可以前所未有地综合使用所有兵种为国防服务。一个国家和另一个国家发生武装冲突时，空中力量的影响是起决定性作用的。飞机，可以飞越海洋和大陆，可以从空中飞抵全世界。

以上情况导致的结果就是，我们必须彻底了解每个军种的能力和限度，使国防力量的每个部分与其他部分结合起来，发挥最大的功效。

空中力量出现以前，国防力量主要由陆上力量和海上力量组成，那时候，海军承担海上作战的全部任务，陆地和陆地上空的各项作战任务由陆军负责。这两个军种的任务只有在海岸附近的一小部分地区重叠，但这不是什么大问题。

现在，陆基作战的航空兵部队能在作战半径内控制海面及其上空，在此距离内，海军已经不再是最大的势力，海军保卫海岸的任务已经可以交给航空兵部队，海军的任务必须延伸到飞机的作战半径之外。用于海岸防御的陆上部队和陆上设施（例如海岸炮）也可以取消，其所耗费的人力物力都应该用在空中力量上。

陆军和其任务大体与以往相同，需要改进的是要在步兵周围集中炮兵，并使其获得最大的机动性。

空中力量需要有明确的职能范围和任务，它的任务就是国土防空。如果不明确空军的任务，那么我们在航空方面的投入，将被陆军、海军和其他军种浪费，不能获得最大的效益。

所有的强国都在建设空军，以便远离国土打击敌人，其目的在于使战斗远离本国国土或海域，使国家免受战火侵袭。

在有限的人力、物力下，建立一支活动半径尽可能大的空军部队是组织空中力量的基本原则。

确立了基本原则后，我们需要组建地方航空部队，以保卫国家最重要的政治经济中心，比如我们的纽约。关于这些要地，我们需要有效地利用地面力量和空中力量加以防御。

之后，我们要建立配属陆上和水上军事组织的辅助航空部队。辅助航空部队通常被称为观察航空兵，它与其他辅助力量一样，应追求以最小的投入换来最大的效果。

在组建我国空中力量时，我们需要考虑的是：空军、地区防空部队、辅助航空兵部队。地区防空部队和辅助航空兵部队还应具有执行进攻性任务的能力。

我们需要集中指挥空军。现在，我国的空军可以在24小时内飞行1000～4000英里，大大超过陆军和海军所能移动的距离，如果我们在切萨皮克湾到缅因州之间建立一个防空区，空军可以在几小时内将该区域搜索一遍，如果用地面部队来防御，需建几个防御区。如果把空军配属给地面部队使用，它只能被零散地使用，而无法在关键时刻发挥最大效用，所以，空军部队都应该直接由国家军事力量总司令统一指挥。

地区防空部队同样应该由国家军事力量总司令统一指挥，但它要保卫地方，所以需要与当地的地面部队密切合作。

辅助航空兵部队由所属部队司令官指挥，而其训练、防区、侦察纵深、侦察方法和供应，应由空军负责。

空军还要建设航路，控制空军基地，征召和训练各种空军人员，采购飞机、飞行器材、军械和零备件等。

我们需要有远见地制订空中力量发展计划，我们的计划需要以今后7～10年将会发生什么为基础，短视的、错误的预估，只会给国家带来严重后果。

对于未来可能出现的紧急状况，我国空军必须做好以下准备。

1. 在美国大陆范围内建立一支进攻性空军部队，它将包括一个拥有1200架飞机的空军师，两个分别部署在大西洋沿岸和太平洋沿岸的独立旅（每个旅拥有600架飞机）。其中1/3为驱逐机，2/3为轰炸机。

2. 建立一支装备100架飞机的地区防空部队，用以保卫我国的重要城市。在巴拿马组建一支装备100架飞机的地区防空部队，并建立一条联通美国、波多黎各、西印度群岛、古巴、墨西哥到巴拿马的航路，以便能够用空军部队保卫该地区。

3. 在夏威夷群岛建立一支装备300架飞机的空军部队，其中1/3为驱逐机，2/3为轰炸机。此外，还要在瓦胡岛组建一支装备100架驱逐机的地区防空部队。

4. 至于菲律宾群岛，由于其独特的地理位置，我们需要在该地组建2个勤务中队，每个中队拥有25架飞机，其任务是反地区性暴乱、侦察和发展群岛间航路。

5. 在阿拉斯加，我们需要部署一支装备300架飞机的空军部队，其中1/3为驱逐机，2/3为轰炸机。这支空军部队的司令部设在育空。此外，我们需要建立一条由美国本土到阿拉斯加，远达塔姆和威尔士王子角，并南下阿拉斯加半岛和阿留申群岛到阿图岛的航路。

6. 关于人员设置，空军部队需要15%的军官和士兵服常备役，剩下的为后备役。空军的行政管理、工程和供应部门应该都是常设机构。在巴拿马、阿拉斯加，部队应保持一半的实力；在夏威夷群岛应保持满员。地区防空部队和执行侦察任务的辅助航空兵的兵力部署，应按其所执行的任务而变化。

与海军和陆军不同，航空人员的培养极其迫切，因为航空人员的损耗太大，航空勤务部队每年的死亡人数几乎占陆军死亡总数的一半，1921年为42%、1922年为43%、1923年为47%、1924年为41%。在战时，航空人员的军官死亡人数更多。因此，我们迫切需要与陆军、海军完全不同的人员补充制度、后备役制度，以及入伍、晋升和退役的制度。

应从我国受过良好教育、具有运动员气质、身体条件适合从事航空事业的青年中招收空勤人员。在入伍后，他们可以按服役年限得到适当的晋升。优秀人员可以担任指挥员，他们可以凭借自己的任务和职责得到临时官衔。那些正常退役的人员，能得到与他们服役年限相适应的退休金。我相信，这种制度能为航空勤务部队提供更多优秀人才。

空军军官的教育体系，不应该遵循陆军的模式，因为这种模式将使人员缺乏积极性，缺乏远见，缺乏领导能力，而这些都是空军军官所必需的素质。空军军官的培养应该由专门的航空教育机构负责，空军军官将代替陆军军官对陆军人员进行空军职能的教育。可悲的是，我们的空军军官现在主要是在地面接受培训，空中培训反而排在了后面。

当前，我们的国防预算也是不合理的，它阻碍了空中力量的发展。空军与陆军的关系，和海军与陆军的关系不同，它需要在空中击败敌方的空军，然后再摧毁敌方的陆上或水上设施，它的预算应该是独立于陆军和海军之外的。

当前，空军还是陆军和海军的一部分，空军得不到重视，无法组建一支能从敌人手中夺取制空权的部队，因为人们还认为陆军建设以步兵为主，海军建设以战列舰为主。

统一的战术教育是必要的。当前，在美国的陆军或海军的航空部队之中，还没有统一的战术教育。而全世界的列强都有统一的空军司令部，分散和独立的空军战斗部队则由最高统帅指挥。与此相反的是，美国的航空兵没有单一的司令部，实际上，美国没有空军。

一个军种单打独斗作战的时代已经过去了，空中、陆上和水上部队，必须结成一个整体，在最高统帅的指挥下，保卫国土。

根据我多年服役的经验，以及我们对各国航空组织知识的了解，我确信，美国军事航空之所以如此效率低下，民航和商业航空如此落后，民众的航空知识如此贫乏，是由于以下原因：

1. 缺少一个与陆军和海军平等的、掌握全部航空问题的航空部。
2. 缺少清晰的航空政策。
3. 缺少适应该政策的军事组织与民间组织。
4. 缺少为航空事业提供适合人才的制度。
5. 航空事业缺少统一的采购和供应的制度。

6. 缺少指导和检查航空部队的制度。

如果我们无法解决这些问题，美国空中力量将永远没有出头之日。

后记

POSTSCRIPT

历经两年多的艰辛操作，“战争论”丛书终于付梓出版发行了。我们当初提出这套选题，目的就是在当前国际形势日趋复杂的情况下，深感有必要在未雨绸缪之际，通过精选古今中外（尤其是国外的）军事名著，加以聚合编辑出版，成套系、整体性推出，一方面满足广大军事迷的阅读需要，另一方面为普通大众的军事素养提高、国防意识培育做出点贡献。在世界丛林中的狼烟骤起时，我们必须做到有备而无患。在国际风云变幻莫测、战争的危险丝毫未减甚至可以嗅到战争的烟火味时，作为嗜好和平的中国人，有必要具备必要的军事素养，以求在危机来临时刻保卫自己。与此同时，这套经典军事名著，也适合广大现役、退役以及预备役军人学习。

作为一部囊括了蒋百里《国防论》、马汉《海权论》、杜黑《制空权》、马汉《海军战略论》、克劳塞维茨《战争论》、若米尼《战争艺术概论》、弗龙蒂努斯《谋略》、米切尔《空中国防论》、韦格蒂乌斯《兵法简述》、鲁登道夫《总体战》等经典名著的大型军事丛书，从读者调查、市场摸底、资料搜集、材料分析、选题提出、选题立项、精选书目、翻译改编、编辑校对、内容审查、学术考证、核查定稿、装帧设计、印制发行等，在每一个环节中，参与该项目的人员都付出了巨大心血，我们在此一并表示感谢。我们由衷地感谢华中科技大学出版社各位领导、编辑，以及耿振达、陈雪、程效、甘梦竹、贾琦、齐芳、王晓黎、吴玲、徐冰莹、张亮、赵英媛、赵梓伊、宋毅、唐恭权、李传燕、魏止戈、温锦婷、王静、顾凤娟、曹锦林、曹燕兰、李玉华、宋国胜、李家训、薛莹、胡滨、李巍、景迷霞、查攸吟、周静、刘啸虎、肖倩、许天成、王顺君、褚以炜、杨志民、陈杰、马千、常在、李楠、张子平、张捷闻、翁伟力、吴田甜、王钻忠、孟驰、陈翔、张宏轩、李湖光、傅仰哲等人员。

因时间紧、水平有限，整套“战争论”丛书中难免有疏漏之处。在此，恳请广大读者批评指正。我们在此表示由衷的谢意。